ABRÉGÉ

DU

TRAITÉ DES ÉTUDES

DE ROLLIN.

ABRÉGÉ

DU

TRAITÉ DES ÉTUDES

DE ROLLIN,

A l'usage des Jeunes gens, des Instituteurs et des Pères de famille.

On pourroit faire, pour l'usage des jeunes gens, un recueil des plus beaux endroits de certains ouvrages qu'on ne peut pas leur donner en entier.

ROLLIN, *traité des études.*

A PARIS,

Chez CÉRIOUX, Libraire, quai Voltaire, N°. 9.

Et LEVACHER, Libraire, rue du Hure-Poix, N°. 12, au bout du quai des Augustins.

AN VIII.

ABRÉGÉ

DU

TRAITÉ DES ÉTUDES

DE ROLLIN,

A l'usage des Jeunes gens, des Instituteurs et des Pères de famille.

> On pourroit faire, pour l'usage des jeunes gens, un recueil des plus beaux endroits de certains ouvrages qu'on ne peut pas leur donner en entier.
>
> ROLLIN, *traité des études.*

A PARIS,

Chez CÉRIOUX, Libraire, quai Voltaire, N°. 9.

Et LEVACHER, Libraire, rue du Hure-Poix, N°. 12, au bout du quai des Augustins.

AN VIII.

PRÉFACE.

A PARLER rigoureusement, la France a été plusieurs années sans éducation publique. Dès l'aurore de la révolution, les jeunes gens rassemblés dans les colléges ont participé à l'effervessence qui bouillonnoit près des enceintes de leurs études : les leçons des maîtres ont été des-lors perdues, et bientôt après les disciples ont dû déserter entiérement les bancs de l'école pour aller, dans les camps, défendre la patrie ménacée.

Depuis, toutes les sources d'instruction ont paru fermées et taries. On avoit abattu les anciens sanctuaires des sciences, et sur leurs ruines ne s'élevoit aucun monument qui les remplaçât. Mais de nouveaux établissemens se forment enfin de toutes parts : que d'autres, d'une main plus hardie, leur tracent eux-mêmes le plan qu'ils doivent adopter ; riches de leurs propres fonds, ils n'auront qu'à puiser chez eux ; plus indigens, nous avons dû moissonner dans le champ d'autrui, mais nous avons choisi du moins une terre dont la bonté est depuis longtems reconnue.

Nommer en effet *Rollin*, c'est rappeller un nom cher aux amis des beaux arts et des bonnes mœurs ; c'est indiquer aux instituteurs et aux pères de famille qui se chargent eux-mêmes de l'instruction de leurs enfans, le guide le plus sûr, le plus propre à les éclairer dans leur marche.

" Jamais les Jeunes gens ne puiseront des leçons d'une morale plus saine et d'un goût plus épuré que dans les ouvrages de cet estimable écrivain. Formé lui-même sur les meilleurs modèles, il apprend à ne pas s'égarer, en préférant des routes de caprices à celles qui nous ont été tracées par les grands hommes de l'antiquité. Tant que ceux qui président à l'éducation publique ne donneront eux-mêmes à leurs élèves

„ d'autre guide que *Rollin*, on ne doit „ pas craindre pour les beaux arts une „ entière décadence „.

Tel est le jugement qu'en a porté *Palissot* dans ses mémoires littéraires : il nous dispense de rien ajouter.

Rollin cependant, quelqu'éminent que soit son mérite, a le défaut d'être prolixe et diffus: on peut donc le resserrer, sans rien lui faire perdre ; on peut lui ôter de son embonpoint, et lui laisser toute sa véritable santé. Son *traité des études* effraye, par son étendue, les Jeunes gens, rarement assez appliqués pour le bien lire en entier : nous avons voulu leur en rendre la lecture plus facile, en réduisant en un les quatres volumes qui le composent ; et nous avons ainsi observé nous-mêmes le précepte suivant de l'auteur : “ On „ pourroit faire pour les Jeunes gens, „ des extraits des meilleurs ouvrages „ qu'on ne peut pas leur donner en „ entier „.

Du reste nous avons respecté religieusement le texte original. Comment oser altérer cette douce simplicité qui, dans *Rollin*, fait aimer à-la-fois et l'homme et ses écrits? C'est lui-même qu'on retrouvera dans notre *Abrégé*: nous n'avons eu, pour ainsi-dire, qu'à élaguer cet arbre fécond, et nous avons tâché de conserver toutes ses fleurs et tous ses fruits.

ABREGE

ABRÉGÉ
DU
TRAITÉ DES ÉTUDES
DE ROLLIN.

Premier objet de l'instruction.

POUR connoître l'importance d'une bonne éducation, il ne faut que considérer la différence que les bonnes études mettent, non seulement entre les particuliers, mais aussi entre les peuples.

Les Athéniens n'occupoient pas un fort grand terrain dans la Grèce : mais jusqu'où leur réputation ne s'étendit-elle pas ? En portant les sciences à leur perfection, ils portèrent leur propre gloire à son comble. La même école forma des hommes rares en tout genre. De-là, sortirent les grands orateurs, les fameux capitaines, les sages législateurs, les habiles politiques ; cette source féconde répandit les mêmes avantages sur tous les beaux arts, et comme s'ils étoient sortis de la même racine et nourris de la même sève, elle les fit tous fleurir en même-tems.

Rome, devenue la maîtresse du monde par ses victoires, en devint l'admiration et le modèle par la beauté des ouvrages d'esprit qu'elle produisit en tout genre : et par-là, elle s'acquit sur les peuples qu'elle avoit soumis à son empire une autre sorte de supériorité, infiniment plus flatteuse que celle qui ne vient que des armes et des conquêtes.

L'Afrique, autrefois si fertile en beaux esprits et en grandes lumières, est tombée, par l'oubli des belles lettres, dans une stérilité entière, et même dans la barbarie, dont elle porte le nom. On en peut dire autant de l'Egypte en particulier, qui avoit été considérée comme la source de toutes les sciences.

Le contraire est arrivé parmi les peuples de l'Occident et du Septentrion. Ils ont été longtems regardés comme grossiers, parce qu'ils étoient sans goût pour les ouvrages d'esprit ; mais aussi-tôt que les bonnes études y ont pénétré, ils ont donné de grands hommes qui ont égalé, en toute sorte de littérature et de profession, ce que les autres nations avoient eu de plus solide, de plus éclairé, de plus profond, de plus sublime.

Sans parcourir l'histoire, il suffit d'ouvrir les yeux sur ce qui se passe dans la nature. Elle nous montre la différence infinie que la culture met entre deux terres, d'ailleurs assez semblables. L'une, parce qu'elle est abandonnée, demeure brute, sauvage, hérissée d'épines. L'autre, par les soins de son maître, remplie de toute sorte de grains et de fruits, ornée d'une agréable variété de fleurs, rassemble dans un petit espace tout ce qu'il y a de plus rare, de plus salutaire, de plus délicieux. Il en est ainsi de notre esprit, et nous sommes toujours payés avec usure du soin que nous prenons de le cultiver.

L'utilité de l'étude ne se borne pas à ce qu'on appelle science : elle donne aussi de la capacité pour les affaires et pour les emplois.

Rien n'est plus ordinaire que d'entendre des gens du monde, qu'une longue expérience et de sérieuses réflexions ont instruits, se plaindre amèrement de ce que leur éducation a été négligée, et regretter de n'avoir pas été nourris dans le goût des sciences, dont ils connoissent trop tard l'usage et le prix. Ils avouent que ce défaut les a éloignés des emplois importans, ou les a laissés fort au-dessous de leurs charges, ou les a même fait succomber sous leur poids.

Mais quand l'étude ne serviroit qu'à acquérir l'habitude du travail, à en adoucir la peine, à arrêter et à fixer la légèreté de l'esprit, ce seroit déjà un très-grand avantage. En effet, elle retire de l'oisiveté, du jeu, de la débauche. Elle remplit utilement les vuides de la journée qui pèsent si fort à tant de personnes, et rend agréable un loisir, qui, sans le secours des belles lettres, est une espèce de mort, et comme le tombeau d'un homme vivant. Elle met en état de juger sainement des ouvrages qui paroissent, de lier société avec les gens d'esprit, d'entrer dans les meilleures compagnies, de prendre part aux entretiens des savans, et de fournir, de son côté, à la conversation, où sans cela on demeureroit muet.

Deuxième objet de l'instruction.

Si l'instruction n'avoit pour but que de former l'homme aux belles lettres et aux sciences, si, en cultivant son esprit, elle négligeoit de régler son cœur, elle ne répondroit pas à ce qu'on a droit d'en attendre. Pour peu qu'on examine la nature de l'homme, ses inclinations, sa fin, il est aisé de reconnoître qu'il n'est pas fait pour lui seul, mais pour la société. Il est membre d'un corps dont il doit procurer les avantages; or, c'est la vertu seule qui le met en état de bien remplir ce devoir. Ce sont les bonnes qualités du cœur qui donnent le prix aux autres, et qui, en faisant le vrai mérite de l'homme, le rendent aussi un instrument propre à procurer le bonheur de la société.

Voilà ce que se proposent les bons maîtres dans l'éducation de la jeunesse. Ils estiment peu la plus vaste érudition, si elle est sans probité: ils préfèrent l'honnête homme à l'homme savant, et, en instruisant les jeunes gens de ce que l'antiquité a de plus beau, ils songent moins à les rendre habiles, qu'à les rendre vertueux, bons fils, bons pères, bons amis, bons citoyens.

Il y a dans le cœur de l'homme une malheureuse fécondité pour le mal, qui altère bientôt dans les enfans ce peu de bonnes dispositions qui y reste, si les parens et les maîtres ne travaillent continuellement à nourrir et à faire croître ces foibles semences du bien, et s'ils n'arrachent avec un soin infatigable les ronces et les épines qu'un si mauvais fonds pousse sans cesse.

Cette pente naturelle au mal est fortifiée le plus souvent dans les jeunes gens par tout ce qui les environne. Y a-t-il beaucoup de pères qui sachent jusqu'où l'on doit porter la retenue et la circonspection en présence des enfans, ou qui veulent se gêner jusqu'au point de ne jamais tenir devant eux aucun discours qui puisse former quelque faux préjugé dans leur esprit? Rien ne se dit impunément devant les enfans. Un mot d'estime ou d'admiration échappé à un père sur les richesses, suffit pour en allumer en eux un désir qui croîtra avec l'âge, et ne s'éteindra peut-être jamais. Il est donc nécessaire d'avoir un avocat qui plaide auprès d'eux la cause du vrai, de l'honnête, de la droite raison; mais, au seul nom de leçons, ils prennent l'allarme: ils se tiennent sur leurs gardes, comme si on avoit dessein de leur dresser des embûches. Que les instructions leur soient comme cachées et déguisées sous le nom d'histoires. Le goût de la véritable gloire et de la véritable grandeur se perd tous les jours de plus en plus : Pour les préserver ou les guérir de la contagion du siècle présent, il faut les transporter dans d'autres pays et d'autres tems.

Quel contraste l'histoire romaine ne présente-t-elle pas ? Elle nous montre des consuls et des dictateurs qu'on alloit prendre à la charrue. Quelle bassesse en apparence ! Mais ces mains endurcies par des travaux rustiques soutenoient l'état chancellant, et sauvoient la république. Loin de songer à s'enrichir, ils refusoient l'or qu'on leur présentoit, trouvant qu'il étoit plus beau de commander à ceux qui en avoient, que de le posséder eux-mêmes. On voyoit un vénérable vieillard, Fabricius, illustré par plusieurs triomphes, manger, au coin de son feu, les légumes qu'il avoit lui-même cultivés et cueillis dans son jardin. Il ne se piquoit pas d'habileté à ordonner un repas, mais en récompense il savoit bien l'art de vaincre les ennemis dans la guerre, et de gouverner les citoyens dans la paix.

Des traits de cette sorte frappent les jeunes gens, et qui n'en seroit touché ? Par ces exemples on les accoutume à sentir le beau, à gouter la vertu, à juger sainement des hommes, non par ce qu'ils paroissent, mais par ce qu'ils sont. On leur apprend à préférer les actions de bonté et de libéralité, à celles qui attirent le plus les yeux et l'admiration des hommes, et par cette raison, à ne pas moins estimer Scipion l'Africain, second de ce nom, lorsqu'adopté dans une riche famille, il abandonne tout son bien à son frère aîné, que lorsqu'il renversa Carthage et Numance.

Quand je parle ainsi, ce n'est pas que je croie qu'il faille beaucoup insister sur les réflexions de morale. Les préceptes qui regardent les mœurs, pour faire impression, doivent être courts et vifs, et lancés comme un trait. C'est le moyen le plus sûr de les faire entrer dans l'esprit et de les y faire demeurer. Il en est de ces réflexions comme de la semence. Elle est peu de chose en elle même; mais si elle tombe dans une terre bien préparée, elle s'y développe peu-à-peu, et par des accroissemens insensibles, s'étend et s'élève. Ainsi, les préceptes ne sont quelque fois qu'un mot, qu'une courte réflexion; mais ce mot, cette réflexion, qui paroissent dans le moment même comme tombés et perdus, produiront leur effet dans le tems.

DE L'ÉTUDE DES LANGUES.

LANGUE FRANÇAISE.

LES romains nous ont appris, par l'application qu'ils donnoient à leur langue, ce que nous devrions faire pour nous instruire de la nôtre. Chez eux, les enfans dès le berceau étoient formés à la pureté du langage. Ce soin étoit regardé comme le premier et le plus essentiel après celui des mœurs. Il étoit particulièrement recommandé aux mères mêmes, aux nourrices, aux domestiques. On les avertissoit de veiller, autant qu'il étoit possible, à ce qu'il ne leur échappât jamais d'expression ou de prononciation vicieuse en présence des enfans, de peur que ces premières impressions ne devinssent en eux une seconde nature, qu'il seroit presque impossible de changer dans la suite.

Il s'en faut bien que nous n'apportions le même soin pour nous perfectionner dans la langue française. Il y a peu de personnes qui la sachent par principes. On croit que l'usage seul suffit pour s'y rendre habile. Il est rare qu'on s'applique à en approfondir le génie, et à en étudier toutes les délicatesses. Souvent on en ignore jusqu'aux règles les plus communes : ce qui paroît quelquefois dans les lettres même des plus habiles gens.

Un défaut si ordinaire vient sans doute de l'éducation. Pour le prévenir, il est nécessaire de consacrer un certain tems de la jeunesse à l'étude de notre langue. Quatre choses peuvent, ce me semble, contribuer principalement au succès qu'on a droit d'en attendre : la connoissance des règles, la lecture des livres français, la traduction, la composition.

De la connoissance des Règles.

Comme les premiers élémens du discours sont communs jusqu'à un certain point à toutes les langues, il est naturel de commencer l'instruction des enfans par les règles de la grammaire française, dont les principes leur serviront aussi pour l'intelligence du latin et du grec. On leur apprendra d'abord les différentes parties qui forment un discours, comme le nom, le verbe, etc. Puis les déclinaisons et les conjugaisons : ensuite les règles les plus communes de la Syntaxe. Quand ils seront un peu rompus par l'habitude dans ces premiers élémens, on leur en fera voir l'application dans quelques livres français, et l'on sera exact à leur demander raison de tous les mots qui s'y rencontreront.

Il faut les accoutumer de bonne heure à bien distinguer les points, les virgules, les accens et les autres notes grammaticales qui rendent l'écriture correcte, et commencer par leur en expliquer la nature et l'usage. Il faut aussi leur faire articuler distinctement toutes les syllabes, surtout les finales. Il est même nécessaire que le maître étudie avec attention les différens défauts de langage ou de prononciation qui sont particuliers à chaque province, et quelque fois même aux villes qui se piquent le plus de politesse, pour les faire éviter aux enfans, ou pour les en corriger. On ne peut dire combien ces premiers soins leur épargnent de peines dans un âge plus avancé.

A mesure que les enfans croîtront en âge et en jugement, les réflexions sur la langue deviendront plus sérieuses et plus importantes. Un maître judicieux saura faire un bon usage des savantes remarques que tant d'habiles gens nous ont laissées sur ce sujet; mais il en faudra faire un choix, et écarter tout ce qui seroit, ou peu usité, ou au-dessus de la portée des jeunes gens. Des leçons sérieuses et longues sur une matière si sèche pourroient leur devenir fort ennuyeuses. De courtes questions, proposées régulièrement chaque jour, comme par forme de conversation, où on les consulteroit eux-mêmes, et où l'on auroit l'art de leur faire dire ce qu'on veut leur apprendre, les instruiroient en les amusant, et par un progrès insensible, leur donneroient une connoissance profonde de leur langue.

L'ortographe est assez ordinairement ignorée ou négligée, et quelque fois même par les plus savans. Ce défaut vient de ce qu'ils n'y ont pas été exercés de bonne heure, et avertit les maîtres d'y donner un soin particulier. L'usage, qui est le maître souverain en matière de langage, et contre lequel la raison même perd ses droits, est la première règle qu'il faut consulter pour l'ortographe; parce qu'il n'a pas moins d'autorité et de jurisdiction sur la manière d'écrire et de prononcer les mots que sur les mots mêmes.

Qu'on me permette, puisqu'il s'agit d'écriture, de donner aux jeunes gens un avis qui pourra paroître une minutie, mais qui n'est pas indifférent : c'est d'apprendre à tailler leurs plumes, et á le faire avec art et selon les règles. Beaucoup de gens écrivent mal, parce que cette petite adresse leur manque. Pourquoi nous rendre dépendans d'une main étrangère dans une chose si facile, et d'un usage si ordinaire?

De la lecture des livres Français.

Les maîtres trouveront beaucoup de livres qui les mettront en état de bien instruire leurs disciples des régles de la langue française. Il me suffit ici d'avertir que dans la lecture qu'on leur en fera, on ne se contentera pas d'examiner les règles du langage, que l'on ne perdra pourtant jamais de vue. On aura soin de remarquer la propriété, la justesse, la force, la délicatesse des expressions et des tours. On sera encore plus attentif a la solidité et à la vérité des pensées et des choses. On fera observer la suite et l'économie des différentes preuves et parties du discours; mais l'on préfèrera à tout le reste ce qui est capable de former le cœur, ce qui peut inspirer des sentimens de générosité, de désintéressement, de mépris pour les richesses, d'amour pour le bien public, d'aversion pour l'injustice et la mauvaise foi ; en un mot, tout ce qui fait l'honnête homme et le bon citoyen.

Quand les jeunes gens commenceront à avoir le jugement formé, il sera bon de leur faire lire des auteurs où l'on trouve des défauts capables de séduire, comme sont certaines pensées brillantes qui frappent d'abord par leur éclat, mais dont on reconnoît le faux et le vuide quand on les examine de près. Il faut les accoutumer de bonne heure à aimer par tout le vrai, à sentir ce qui y est contraire, à juger sainement de ce qu'ils lisent, à rendre raison du jugement qu'ils en portent, de manière qu'ils ne prennent point un air ni un ton décisif et critique qui convient encore moins à cet âge qu'à tout autre.

Notre langue nous fournit un grand nombre d'excellens ouvrages propres à leur former le goût : Il faut, s'il se peut, que l'utilité et l'agrément s'y trouvent ensemble, afin que cette lecture ait pour eux un attrait qui la leur fasse désirer. Chaque maître en fera le choix selon son goût ; mais l'on pourroit faire pour leur usage un recueil des plus belles pièces, et quelque fois des plus beaux ouvrages qu'on ne peut pas leur donner en entier.

DE LA TRADUCTION.

Dès que les jeunes gens seront un peu avançés dans l'intelligence des auteurs latins, on doit leur en faire traduire par écrit des endroits choisis. Il faut d'abord que la traduction soit simple, claire, correcte, et qu'elle rende exactement les pensées, et même les expressions, autant que cela se peut. On travaillera dans la suite à l'orner et à l'embellir, en rendant la délicatesse et l'élégance des tours latins par ceux qui peuvent y répondre dans notre langue. Enfin, on essaiera d'amener peu-à-peu les jeunes gens à ce point de perfection, qui fait le succès dans le genre d'écrire, je veux dire à ce juste milieu, qui s'écartant également et d'une contrainte servile, et d'une liberté excessive, exprime fidèlement les pensées, mais songe moins à rendre le nombre que la valeur des mots.

M. de Tourreil, en parlant des difficultés de la traduction, donne sur ce genre d'écrire quelques règles générales dont les maîtres et les écoliers pourront faire un bon usage. « A cette géne » perpétuelle, dit-il, se joint la différence des » langues. Elle vous embarrasse toujours, et sou- » vent vous désespère. Vous sentez que le génie » particulier de l'une est souvent contraire au » génie de l'autre, et qu'il périt presque toujours » dans une version. De sorte que l'on a juste-

» ment comparé le commun des traductions à » un revers de tapisserie, qui, tout au plus, re- » tient les linéamens grossiers des figures finies » que le beau côté représente.

» La première obligation d'un traducteur, » ajoute-t-il, est de bien prendre le génie et le » caractère de l'auteur qu'il veut traduire; de » se transformer en lui le plus qu'il peut; de se » revêtir des sentimens et des passions qu'il s'o- » blige à nous transmettre; de réprimer dans son » cœur cette complaisance intérieure qui ne cesse » de nous ramener à nous, et qui, au lieu de » nous faire a l'image des autres, les fait à la » nôtre; en un mot, de retracer avec le même » agrément et la même force, les tours et les » figures de l'original : ensorte que si notre langue » trop gênée par l'assujettissement au parfait rap- » port des figures et des tours, ne peut fournir » le nécessaire pour cela, on doit s'affranchir » d'une pareille servitude, et se permettre toutes » les libertés qui nous procurent de quoi payer » en équivalens ».

Les règles que je viens de rapporter peuvent suffire pour les écoliers. On doit seulement les avertir que la traduction des poëtes en a quelques-unes qui lui sont particulières, et que, quoiqu'elle soit en prose, elle doit se sentir du génie de la poésie, en conserver le feu, la noble hardiesse, et par conséquent employer sans scrupule des expressions, des tours, des figures qu'on ne souffriroit pas dans un orateur ou dans un historien.

J'ai déjà remarqué qu'il est bon de faire choix des plus beaux endroits des auteurs pour les faire traduire aux jeunes gens. Outre qu'ils y trouvent plus d'agrément, et qu'ils les traduisent avec plus de soin, c'est le moyen le plus sûr de former le goût. Par-là, ils se familiarisent avec ces auteurs, et ils en prennent insensiblement les tours, les manières et les pensées.

DE LA COMPOSITION.

QUAND les jeunes gens seront en état de produire quelque chose d'eux-mêmes, il faudra les exercer dans la composition française, en les faisant commencer par ce qu'il y a de plus facile et de plus à leur portée, comme sont des fables et des récits historiques. Ils doivent être aussi formés de bonne heure au style épistolaire, qui est d'un usage universel pour tous les âges, et pour toutes les conditions, et où cependant l'on voit peu de personnes réussir, quoiqu'un air simple et naturel, qui paroît une chose assez facile, en doit faire le principal ornement.

A ces premières compositions l'on fera succéder des lieux communs, des descriptions, de petites dissertations, de courtes harangues, et d'autres choses pareilles. L'important seroit de les tirer toujours de quelque bon auteur dont on leur

» m[illegible] 'lecture, et qui leur serviroit
» [illegible]

[illegible] quelques réflexions sur la né-
[illegible]ière d'exercer et de cultiver la
[illegible]nes gens.

La m[illegible] est la gardienne et la dépositaire de ce que nous voyons, de ce que nous lisons, de tout ce que les maîtres ou nos propres réflexions nous apprennent. C'est un trésor domestique et naturel, où l'homme met en réserve des richesses sans nombre et d'un prix infini. Sans elle, l'étude de plusieurs années deviendroit inutile, ne laisseroit après soi aucunes traces, et s'écouleroit continuellement de l'esprit, comme la fable le dit de l'eau des Danaïdes.

Un talent si merveilleux et si nécessaire est en même-tems un présent de la nature, et le fruit du travail. Il tient quelque chose de l'un et de l'autre. Il doit son origine à la nature, et sa perfection à l'art qui ne met pas en nous les qualités qui nous manquent absolument, mais qui fait croître et fortifie par la culture celles dont nous avons déjà d'heureux commencemens.

Il est donc trés-important de s'appliquer de bonne heure à cultiver la mémoire des enfans, qui pour l'ordinaire l'ont très-bonne, et qui d'ailleurs, dans ce bas âge, ne sont presque encore susceptibles d'aucun autre travail. Si quelques-uns l'ont paresseuse et rétive : il ne faut pas se rebuter aisément, ni céder à cette première

feroit ensuite la lecture, et qui leur serviroit de modèle.

Je placerai ici quelques réflexions sur la nécessité et la manière d'exercer et de cultiver la mémoire des jeunes gens.

La mémoire est la gardienne et la dépositaire de ce que nous voyons, de ce que nous lisons, de tout ce que les maîtres ou nos propres réflexions nous apprennent. C'est un trésor domestique et naturel, où l'homme met en réserve des richesses sans nombre et d'un prix infini. Sans elle, l'étude de plusieurs années deviendroit inutile, ne laisseroit après soi aucunes traces, et s'écouleroit continuellement de l'esprit, comme la fable le dit de l'eau des Danaïdes.

Un talent si merveilleux et si nécessaire est en même-tems un présent de la nature, et le fruit du travail. Il tient quelque chose de l'un et de l'autre. Il doit son origine à la nature, et sa perfection à l'art qui ne met pas en nous les qualités qui nous manquent absolument, mais qui fait croître et fortifie par la culture celles dont nous avons déjà d'heureux commencemens.

Il est donc trés-important de s'appliquer de bonne heure à cultiver la mémoire des enfans, qui pour l'ordinaire l'ont très-bonne, et qui d'ailleurs, dans ce bas âge, ne sont presque encore susceptibles d'aucun autre travail. Si quelques-uns l'ont paresseuse et rétive : il ne faut pas se rebuter aisément, ni céder à cette première résistance, que l'on a vu souvent être vaincue et domptée par la patience et la persévérance. D'abord, on donne peu de lignes à apprendre à un enfant de ce caractère, mais on exige qu'il les apprenne exactement. On tâche d'adoucir l'amertume de ce travail par l'attrait du plaisir, en ne lui proposant que des choses agréables, telles que sont par exemple les fables de la Fontaine et des histoires frappantes. Un maître industrieux et bien intentionné se joint à son disciple, apprend avec lui, se laisse quelquefois vaincre et devancer, et lui fait sentir par sa propre expérience, qu'il peut beaucoup plus qu'il ne pensoit.

Rien n'est plus ordinaire dans le monde que d'entendre des personnes qui ont de l'esprit et du goût pour la lecture, se plaindre de ce qu'elles ne peuvent rien retenir de ce qu'elles lisent : il faut avouer qu'il y a des mémoires infidèles, et s'il est permis de s'exprimer ainsi, entr'ouvertes de tous côtés, qui laissent écouler tout ce qu'on leur confie; mais souvent ce défaut vient de la négligence. On songe plus à lire beaucoup, qu'à lire utilement. On court avec rapidité, et l'on veut toujours voir de nouveaux objets. Il n'est pas étonnant que ces objets multipliés à l'infini, et qu'on se donne à peine le tems d'effleurer, ne fassent qu'une légère impression qui s'éface bientôt. Le remède seroit de lire plus lentement, de répéter plusieurs fois la même chose, et de s'en rendre compte à soi-même.

On a aussi remarqué qu'une lecture de ce qu'on veut apprendre par cœur, réitérée deux ou trois fois le soir avant que de se coucher, est d'une grande utilité, sans qu'on puisse trop en rendre la raison : si ce n'est peut-être que les traces qui s'impriment alors dans le cerveau, n'étant point interrompues, ni entre-coupées par la multiplicité des objets comme pendant le jour, s'y gravent plus profondément, et font une plus forte impression, à la faveur du silence et de la tranquillité de la nuit.

LANGUE GRECQUE.

UTILITÉ DE SON ÉTUDE.

LA ruine de l'empire d'Orient avoit fait passer plusieurs savans dans l'Italie et dans la France. Ce fut sous de si habiles maîtres que se formèrent ces grands hommes dont le nom sera toujours respecté dans la république des lettres : je veux dire les Erasmes, les Guesners; les Budés, les Etiennes, et tant d'autres. De quels trésors ces derniers n'ont-ils pas enrichi l'Europe ? Budé, sur-tout, communiqua à la nation française le goût de l'érudition Grecque, l'ayant reçu lui-même de Lascaris, son maître, qui avoit été employé par Laurent de Médicis à former cette fameuse bibliothèque de Florence. Ce fut à la sollicitation du maître et du disciple que François premier forma le dessein de dresser une bibliothèque dans la maison de Fontainebleau, et de fonder à Paris le collège royal Ce sont ces deux établissemens qui ont le plus contribué à faire fleurir parmi nous la langue Grecque, aussi bien que les autres langues savantes, et généralement toutes les sciences. C'est une chose étonnante que la facilité et la promptitude avec laquelle ce goût d'érudition se répandit dans toute la France. Chacun à l'envi se piqua d'y réussir et de s'y distinguer. Cette étude fut mise en honneur et devint universelle.

On sentoit bien alors que tout ce qui va à la perfection des sciences, contribue aussi à la splendeur et à la gloire d'un état, et qu'il ne peut y avoir de véritable érudition sans une profonde connoissance de la langue Grecque.

En effet par où les romains vinrent-ils à bout de conduire tous les arts et la langue latine même à ce point de perfection où l'on sait qu'ils furent amenés du tems d'Auguste, et par-là de procurer à leur empire une gloire non moins solide, ni moins durable, que celle de leurs conquêtes? ce fut par l'étude de la langue grecque.

Térence fut le premier qui essaya d'en faire passer toutes les grâces et toute la délicatesse dans le langage romain, jusques-là grossier et barbare. La Grèce continua depuis à devenir l'école ordinaire des meilleurs esprits de Rome, qui songeoient à se perfectionner dans les arts. Quoique Cicéron eût mérité un applaudissement universel par ses premiers plaidoyers, il sentit qu'il manquoit encore quelque chose à son éloquence. Déjà fameux orateur à Rome, il ne rougit point de redevenir le disciple des rhéteurs et des philosophes Grecs sous qui il avoit étudié dans sa jeunesse.

Il en sera de même dans tous les siècles. Quiconque aspirera à la réputation de savant, sera obligé de voyager, pour ainsi dire, long-temps chez les Grecs. La Grèce a toujours été, et sera toujours l'école du bon goût. C'est-là qu'il faut puiser toutes les connoissances, si l'on veut remonter à leur origine. Eloquence, poésie, histoire, philosophie, médecine : c'est dans la Grèce que toutes ces sciences et tous ces arts se sont formés, et pour la plupart perfectionnés ; et c'est-là qu'il faut les aller chercher.

Vainement on croiroit que le secours des traductions nous met en état de nous passer des originaux. Y a-t-il quelque version qui rende tout l'agrément, toute la délicatesse, et quelquefois même tout le sens des auteurs Grecs ? n'y trouve-t-on pas toujours un grand nombre des plus belles pensées affoiblies, tronquées, défigurées? De telles copies, dénuées d'ame et de vie, ne ressemblent pas plus aux originaux, qu'un squelette décharné à un corps vivant.

Méthode qu'il faut suivre pour enseigner la langue Grecque.

Le premier soin des maîtres est d'enseigner aux jeunes gens à bien lire le grec, et de les accoutumer d'abord à la prononciation usitée : quand ils seront un peu plus avancés, il faudra aussi leur apprendre à écrire le grec correctement et nettement, à distinguer les différentes figures soit des lettres, soit des syllables, leurs liaisons, leurs abréviations, et pour cela, leur mettre devant les yeux les plus belles éditions, et même, quand on en trouvera l'occasion, leur faire voir dans les bibliothèques les anciens manuscrits, dont la beauté surpasse quelquefois celle des impressions les plus achevées, ce petit travail peut leur tenir lieu de récréations, et leur servira beaucoup dans la suite.

Quand ils sauront passablement lire, il faut leur apprendre la grammaire. Elle doit être courte, nette, et française. On ne peut trop insister dans les commencemens sur les principes, sur les déclinaisons, et sur les conjugaisons. Il faut que les enfans soient rompus par l'usage sur la formation des tems; qu'ils les récitent tantôt de suite, tantôt en rétrogradant: que toujours ils rendent raison des différens changemens qui y arrivent et fassent l'application des règles.

Comme la difficulté de la langue Grecque consiste principalement dans la grande multitude de mots qu'elle renferme, et qu'il ne faut pour les retenir que de la mémoire, qui pour l'ordinaire ne manque pas aux jeunes gens; c'est une fort bonne méthode de leur faire apprendre les racines Grecques mises en vers français, et de les leur faire citer à chaque mot qu'ils voyent; il ne faut pas négliger de leur apprendre, chemin faisant, les étymologies des mots latins et des mots français dérivés du Grec.

Je ne dois pas oublier d'avertir qu'il est utile de faire apprendre par cœur aux jeunes gens des endroits choisis des auteurs Grecs, et sur-tout des poëtes. Quand ils commenceront d'être un peu formés, il faudra leur faire remarquer avec soin la phrase, le tour, le génie, la cadence harmonieuse, et sur-tout l'admirable fécondité de cette langue, qui, par la dérivation et la composition des mots, se multiplie presque à l'infini, et donne au discours une variété prodigieuse.

Les Grecs ont abondance, non-seulement de mots, mais d'idiômes tous différens les uns des autres. Il n'en est pas de ces idiômes ou dialectes, comme des différens jargons qui règnent en différentes provinces de notre France, qui sont une manière de parler corrompue et grossière, et qui ne méritent pas d'être appellés un langage. Chaque dialecte étoit un langage parfait dans son genre, qui avoit cours chez certains peuples, qui avoit ses règles et ses beautés particulières, et dont nous voyons que d'excellens auteurs ont fait également usage, soit en prose, soit en vers, souvent même en mettant tous les dialectes ensemble, de sorte pourtant qu'il y en a toujours quelqu'un qui domine dans chaque auteur. De-là resulte cette variété et cette richesse de tours et d'expressions qu'on admire dans la langue Grecque et qui ne se trouvent point dans les autres.

Parmi ces différens idiômes, l'atticisme qui étoit proprement le langage des athéniens, l'emportoit infiniment sur les autres. C'étoit un goût, comme naturel au climat, qui ne se transportoit point ailleurs. Athênes étoit la seule ville de la Grèce où l'on trouvât, même parmi le peuple, ces oreilles fines et délicates, qui discernoient à une phrase, à une expression, au son même de la voix, si l'on étoit étranger ou non, témoin ce qui arriva à Théophraste.

Il est important de faire remarquer aux jeunes gens, ce que c'étoit que cet atticisme dont parlent si souvent les anciens, et qu'il est plus aisé de sentir que de définir. Cicéron a raison d'avertir de ne le pas borner à une seule espèce d'éloquence; on peut en effet accorder ce nom à un discours, où tout est naturel et où tout coule de source, où rien n'est affecté, et cependant où tout plait, où les grandes et les petites choses sont dites avec une grâce égale, quoique différente, où règne un certain sel et un assaisonnement secret qui en relève le goût, qui ne laisse rien d'insipide, qui se fait par-tout sentir au lecteur ou à l'auditeur, qui pique la curiosité, et pour ainsi dire, excite sa soif, enfin, pour conclure en un mot, où tout est bien dit, car c'est la définition abrégée qu'en donne Cicéron.

C'est sur ce modèle que se forma ce que l'on appelloit l'urbanité romaine, qui ne souffroit ni dans les pensées, ni dans l'expression, ni même dans la manière de prononcer, rien de rude et de choquant ou qui sentît l'étranger; ensorte qu'elle consistoit moins dans chaque phrase séparée, que dans un certain air du discours et dans un caractère qui y régnoit universellement, et qui étoit propre à la ville de Rome, comme l'atticisme à celle d'Athènes.

Il y auroit beaucoup d'autres réflexions à faire sur le génie, le tour, la beauté, la richesse de la langue Grecque ; mais je laisse ces réflexions à l'habileté des maîtres. Ils trouveront dans leur propre fonds de quoi suppléer à ce qui peut manquer ici, et la méthode Grecque, qui depuis long-tems est entre les mains de tout le monde, leur fournira à eux-mêmes tout ce qu'on peut désirer sur ce sujet.

LANGUE LATINE.

La première question qui se présente est de savoir quelle méthode il faut suivre pour enseigner cette langue. Il me semble qu'à présent l'on convient assez généralement que les premières règles que l'on donne pour apprendre le latin, doivent-être en français, parce qu'en toute science, en toute connoissance, il est naturel de passer d'une chose connue et claire à une chose qui est inconnue et obscure.

Comme il s'agit d'abord d'instruire un enfant qui n'a encore aucune connoissance de la langue latine, je crois qu'il faut s'y prendre de la même manière que pour le Grec; c'est-à-dire, lui faire apprendre les déclinaisons, les conjugaisons et les règles les plus communes de la Syntaxe. Quand il est bien ferme sur ces principes, et qu'il se les est rendus familiers par de fréquentes répétitions, on le doit mettre pour lors dans l'explication de quelque auteur facile où l'on va d'abord lentement, rangeant exactement tous les mots dans leur ordre naturel, rendant raison de tout, genre, cas, nombre, personne, tems, etc. lui faisant appliquer toutes les règles qu'il a vues, y en ajoutant de nouvelles et de plus difficiles.

C'est un avis nécessaire pour toutes les études, mais sur-tout pour celle dont je parle maintenant, de bien faire ce que l'on fait, d'enseigner à fond ce que l'on a à enseigner, de bien inculquer aux enfans les principes et les règles, et de ne point trop se hâter de les faire passer à d'autres matières plus relevées et plus agréables, mais moins proportionnées à leurs forces. Cette méthode d'enseigner rapide et superficielle qui flatte assez les parens, et quelquefois même les maîtres, parce qu'elle fait paroître d'avantage les écoliers, bien loin de les avancer, les retarde considérablement et empêche souvent le progrès des études. Il en est de ces principes de sciences, comme des fondemens d'un édifice. S'ils ne sont solides et profonds, tout ce qu'on bâtit dessus est ruineux. Il vaut mieux que les enfans sachent peu de choses, pourvu qu'ils les sachent à fond et pour toujours. Ils apprendront assez vîte, s'ils apprennent bien.

J'ai toujours souhaité qu'il y eut des livres composés exprès en latin pour les enfans qui commencent. Ces compositions devroient être claires, faciles, agréables. D'abord, les mots seroient presque tous dans leur ordre naturel, et les phrases fort courtes. Ensuite, on augmenteroit insensiblement les difficultés à proportion du progrès que les jeunes gens peuvent faire. Sur-tout on auroit soin de faire entrer des exemples de toutes les règles qu'on doit leur apprendre. L'élégance n'est pas ce qu'il y faudroit principalement chercher, mais la netteté. Il s'agit de leur apprendre des mots latins; de les accoutumer aux différentes constructions propres à cette langue, et d'appliquer les règles de la Syntaxe à ce qu'on leur fera lire.

Explique-t-on les auteurs ? on a soin, après chaque explication, de demander compte aux écoliers de tout ce qui s'est dit. Quelquefois on diffère au lendemain à les interroger, et l'on sent mieux, par ce délai, s'ils ont été attentifs. La traduction qu'on leur donne à faire de ces endroits, ou le jour même, ou quelques jours après, produit le même effet.

J'insère ici une fable de Phèdre, uniquement pour marquer comment il faut faire sentir, même aux enfans, les beaux endroits.

Fable du Loup et de la Grue.

Os devoratum fauce cùm hœreret Lupi,
Magno dolore victus cœpit singulos
Inlicere pretio, ut illud extraherent malum.
Tandem persuasa est jurejurando Gruis,
Gulæque credens colli longitudinem
Periculosam fecit medicinam Lupo.
Pro quo cùm facto flagitaret prœmium ;
Ingrata es, inquit, ore quæ nostro caput
Incolume abstuleris, et mercedem postulas.

Cette fable est courte et simple, mais d'une beauté inimitable dans sa simplicité qui en fait la principale grâce. Les enfans même sont capables d'en sentir toute la finesse.

Os devoratum. Ce mot est fort propre pour marquer l'action d'un loup affamé, qui ne mange pas, mais qui avale, ou plutôt qui dévore avec avidité.

Magno dolore victus, cœpit singulos inlicere pretio. Le loup naturellement n'est pas un animal doux et suppliant. La violence est son partage. Il lui en coûta donc beaucoup pour descendre à de si humbles prières. Il y eut un long combat entre sa férocité naturelle et la douleur qu'il souffroit. Celle-ci l'emporta enfin, et c'est ce que marque bien le mot *victus.*

Ut illud extraherent malum : pour dire, *illud os.* L'effet pour la cause : quelle différence !

Tandem. Ce mot dit beaucoup, et fait entrevoir que grand nombre d'autres animaux avoient déjà passé en revue, mais n'avoient pas été si bêtes que la Grue.

Persuasa est jurejurando. Elle n'auroit pas ajouté foi à la simple parole du Loup, il lui fallut un serment, et sans doute des plus terribles, et avec cela la sotte se crut en sûreté.

Gulæ que credens colli longitudinem. Est-il possible de mieux peindre l'action de la Grue? pour sentir toute la beauté de ce vers, il n'y a qu'à le réduire à la proposition simple : *et collum inserens gulæ lupi. Collum* seul, est plat. *Collum longum* dit plus, mais ne présente point d'image; au lieu qu'en substituant le substantif à l'adjectif *colli longitudinem*, il semble que le vers s'allonge aussi bien que le cou de la Grue. Mais peut-on mieux exprimer la stupide témérité de cette bête.

qui ose mettre son cou dans la gueule du Loup, que par ce mot *credens*? On explique la force de ce mot, et on en apporte plusieurs exemples tirés de Phèdre.

Periculosam fecit medicinam Lupo. On pouvoit dire simplement : *os extraxit e gulâ lupi.* Mais *fecit medicinam* a bien plus de grâce, et l'épithète, *periculosam*, marque quel risque courut cet imprudent médecin. On a soin, en expliquant *medicinam*, qui signifie ici une opération de chirurgie, d'avertir que chez les anciens, les médecins n'étoient point distingués des chirurgiens, et qu'ils en faisoient les fonctions.

Flagitaret. Ce verbe signifie, demander avec instance et importunité, presser, solliciter, revenir souvent à la charge. *Peteret*, *postularet*, n'auroient pas la même force.

Ingrata es, *inquit etc.* Cette manière, fort ordinaire dans Phèdre, et dans tous les récits, est bien plus vive que si l'on disoit : *respondit Lupus*, *ingrata es*, *etc.* On fait remarquer aussi combien la réponse du Loup a de vivacité et de force, *ore nostro*, est bien meilleur, que *meo.* Le Loup se regarde comme un animal important.

Je laisse au lecteur à conclure combien des histoires et des fables expliquées de cette sorte sont capables d'apprendre le latin aux jeunes gens, et ce qui est bien plus important, combien elles sont propres à leur former en même-tems le goût et l'esprit.

Quand ils ont acquis ainsi quelque teinture du latin, et qu'ils ont été formés à l'explication, je crois que la composition des thêmes peut leur être fort utile, pourvu qu'elle ne soit pas trop fréquente, sur-tout dans les commencemens. Elle les oblige de mettre en pratique les règles qu'on leur a souvent expliquées de vive voix, et d'en faire eux-mêmes l'application, ce qui les grave bien plus profondément dans leur esprit; elle leur donne occasion d'employer tous les mots et toutes les phrases qu'on leur a fait remarquer dans l'explication des auteurs.

On aura soin que ces thêmes renferment quelque trait d'histoire, quelque leçon de morale. Ces maximes, dit en effet Quintilien, qu'on a apprises dans l'enfance, nous suivent jusques dans la vieillesse, et l'impression qu'elles ont faite sur l'esprit encore tendre passe jusqu'aux mœurs, et influe sur la conduite. Il en est de l'esprit des enfans, comme d'un vase neuf qui conserve longtems l'odeur de la première liqueur qu'on y a versée: ainsi, les premières idées qu'on reçoit, dans un âge peu avancé, ne s'effacent ordinairement qu'avec peine.

Lorsque les élèves se seront fortifiés, on leur fera principalement remarquer, en expliquant les auteurs; 1°. La Syntaxe qui rend raison de la construction des différentes parties du discours; 2°. La propriété des mots, c'est-à-dire, leur signification propre et naturelle; 3°. L'élégance du latin, par où l'on fait connoitre ce que cette langue a de plus fin et de plus délicat; enfin l'on n'oublie pas non plus certaines difficultés particulières qui se rencontrent. On doit aussi leur enseigner la manière ancienne d'écrire et de prononcer.

La voyelle *u* étoit prononcée *ou* par les latins, et elle l'est encore ainsi par les Italiens et par les Espagnols. *Cuculus* se prononçoit comme nous dirions *coucoulous*, d'où vient le mot français *coucou*, et ces mots, dans l'une et l'autre langue, ne sont employés que par onomatopée, c'est-à-dire imitation du son, pour marquer le chant de cet oiseau. Or, cette prononciation donne aux mots latins une grâce et une douceur particulière.

Parmi les quatre liquides, *l*, *r*, *m*, *n*, les deux premières méritent parfaitement ce nom, car elles sont effectivement coulantes, et se prononcent avec facilité et vitesse. L'*m* a un son fort sourd: c'est pourquoi Quintilien l'appelle *mugientem litterem*.

Les Romains faisoient toujours sonner l'*s*, et la prononçoient pleinement au milieu du mot comme au commencement. Ils doubloient même cette lettre au milieu, quand elle étoit précédée de voyelles longues. Notre langue adoucit cette lettre au milieu, et elle a fait recevoir cette prononciation dans le latin.

Il est une foule d'autres observations qui prouvent que la manière dont les romains prononçoient le latin, étoit en plusieurs choses très-différente de celle dont nous le prononçons aujourd'hui : qu'ainsi, leur prose et leurs vers perdent une grande partie de leur grâce dans notre bouche, comme nous voyons que les nôtres sont extrêmement défigurés par les étrangers qui ignorent notre manière de prononcer. Ils avoient mille délicatesses en prononçant, qui nous sont absolument inconnues. Ils distinguoient l'accent de la quantité, et ils savoient fort bien relever une syllable sans la faire longue, ce que nous ne sommes point accoutumés à observer. Ils avoient même plusieurs sortes de longues et de brèves, dont ils faisoient sentir la différence. Le peuple étoit très-délicat sur ce point, et Cicéron témoigne qu'on ne pouvoit faire une syllable plus longue ou plus brève qu'il ne falloit dans les vers d'une comédie, que tout le théâtre ne s'élevât contre cette mauvaise prononciation, sans que les auditeurs eussent d'autre règle que le discernement de l'oreille, qui étoit accoutumée à sentir la différence des longues et des brèves, comme aussi de l'élévation ou de l'abaissement de la voix, en quoi consiste la science des accens.

POÉSIE.

Si l'on veut remonter jusqu'à la première origine de la poésie, on ne peut douter, ce me semble, qu'elle ne prenne sa source dans le fond même de la nature humaine, et qu'elle n'ait été d'abord comme le cri et l'expression du cœur de l'homme, ravi, extasié, transporté hors de lui-même, à la vue de tant de merveilles qui l'environnoient. Fortement frappé de ce spectacle, qui lui déceloit l'existence d'un être suprême, il étoit naturel qu'il s'empressât d'en publier la grandeur bienfaisante, et que, ne pouvant renfermer en lui-même ses sentimens, il empruntât le secours de la voix: que la voix n'expliquant pas assez tout ce qu'il sentoit, il en soutînt et relevât la foiblesse, par le son des instrumens, tels que furent d'abord les tambours, les cymbales, et les harpes que les mains touchoient et faisoient retentir avec bruit : qu'il leur associât même les pieds, afin qu'à leur manière, ils exprimassent, par leur mouvement et par une cadence nombreuse, les transports qui l'agitoient.

Quand ces sons inarticulés et confus deviennent clairs et distincts, et forment des paroles qui portent des idées nettes des sentimens dont l'âme est pénétrée : alors elle dédaigne le langage commun et vulgaire. Un style ordinaire et familier lui paroît trop rampant et trop bas. Elle s'élève au grand et au sublime, pour atteindre à la grandeur et à la beauté de l'objet qui la charme. Elle cherche les pensées et les expressions les plus nobles. Elle accumule les figures les plus hardies. Elle multiplie les comparaisons et les images les plus vives. Elle parcourt la nature, elle en épuise les richesses, pour peindre ce qu'elle sent, et pour en donner une haute idée; et elle se plaît à imprimer à ses paroles, le nombre, la mesure, et la cadence qu'elle avoit marqués par les gestes des mains en jouant des instrumens, et par le tressaillement des pieds en dansant. C'est-là, proprement, l'origine de la poésie; c'est ce qui en forme le fond et l'essence.

Son premier usage fut de célébrer les bienfaits des cieux, de relever les attributs de la divinité; des dieux, elle descendit peu-à-peu aux héros, aux fondateurs des villes, aux libérateurs de la patrie, et elle s'étendit à tous ceux qu'on regardoit comme les auteurs de la félicité publique, comme des génies tutélaires.

Les poëtes ne pouvoient traiter ces grands sujets sans faire l'éloge de la vertu, comme ayant servi de principal instrument aux grands hommes pour les élever à la gloire qu'on admiroit en eux. Par l'inclination naturelle qu'on a d'orner tout ce que l'on aime, et que l'on veut rendre aimable aux autres, ils s'appliquèrent à relever, par les plus vives couleurs, la beauté de la vertu, et à répandre tous les charmes et tous les agrémens possibles dans leurs maximes et dans leurs instructions, afin de la faire mieux goûter aux hommes. Malheureusement ils se servirent aussi de ces couleurs pour farder des vices et des crimes, qui seroient tombés dans le décri, sans la parure qu'ils leur prêtoient pour en couvrir la difformité, l'absurdité, l'infamie; et c'est le motif qui porta Platon à les bannir de sa république.

Si leur lecture peut être quelquefois dangereuse pour les jeunes gens, elle peut aussi leur être infiniment utile. Les abeilles ne s'arrêtent pas à toutes sortes de fleurs, et dans celles même où elles s'attachent, elles n'en tirent que ce qui leur convient pour la composition de leur précieuse liqueur; nous tâcherons de les imiter, et comme en cueillant les roses, on évite les épines, nous prendrons dans les poëtes ce qu'il y a d'utile, sans toucher à ce qu'ils peuvent avoir de pernicieux.

Leur lecture seule peut faire connoître aux jeunes gens le véritable génie de la poésie qu'ils ne doivent point ignorer. Pour cela il faut que les maîtres s'appliquent particulièrement à leur y faire remarquer la cadence des vers, et le style poétique.

Cadence des Vers.

Il y a une cadence simple, commune, ordinaire, qui se soutient également par-tout, qui rend les vers doux et coulans, qui écarte avec soin tout ce qui pourroit blesser l'oreille, par un son rude et choquant, et qui, par le mélange de différens nombres et de différentes mesures, forme cette harmonie si agréable, qui règne universellement dans tout le corps du poëme.

Outre cela, il y a de certaines cadences particulières, plus marquées, plus frappantes, et qui se font plus sentir. Ces sortes de cadences forment une grande beauté dans la versification, et y répandent beaucoup d'agrément, pourvu qu'elles soient employées avec ménagement, et qu'elles ne se rencontrent pas trop souvent. Elles sauvent l'ennui que des cadences uniformes, et des chûtes réglées sur une même mesure, ne manqueroient pas de causer. En ce point, la versification latine a un avantage incomparable sur la française, qui, étant assujettie à la nécessité de couper toujours le vers alexandrin par deux hémistiches exactement égaux, de faire une espèce d'entrepôt, après trois pieds parfaits, de fournir régulièrement une rime au bout des trois autres pieds, et de subir la même servitude dans tous les vers suivans, courroit risque de fatiguer bientôt l'attention du lecteur, si elle n'étoit soutenue et relevée par d'autres beautés qui font oublier cette espèce de monotonie perpétuelle. Pour la poésie latine, elle a une liberté entière de couper les vers, où elle veut, de varier ses césures et ses cadences, à son choix, et de dérober, aux oreilles délicates, les chûtes uniformes produites par le dactyle et le spondée qui terminent le vers héroïque.

Les grands mots, placés à propos, forment une cadence pleine et nombreuse, sur-tout, quand il entre beaucoup de spondées dans le vers.

> Luctantes ventos tempestates que sonoras
> Imperio premit.
> Ecce trahebatur passis Priameia virgo
> Crinibus.

Le vers spondaïque a quelquefois beaucoup de gravité.

> Cara deum soboles, magnum Jovis incrementum.

Le poëte Vida l'a employé heureusement pour exprimer le dernier soupir de Jesus-Christ.

> Supremam que auram, ponens caput, expiravit.

Les cadences suspendues ont aussi une grâce infinie.

> Et frustra retinacula tendens
> Fertur equis auriga, neque audit currus habenas.

> Ac velut in somnis oculos ubi languida pressit
> Nocte quies, nequicquam avidos extendere cursus

Velle videmur, et in mediis conatibus ægri
Succedimus.

Ces deux exemples suffiroient seuls pour faire sentir aux jeunes gens la beauté des vers. Cette cadence suspendue, *fertur equis auriga*, ne marque-t-elle pas d'une manière merveilleuse, le cocher courbé et suspendu sur ses chevaux? Et cette autre cadence, *velle videmur*, qui arrête le vers dès le commencement, et le tient comme en suspends, n'est-elle pas bien propre a peindre les vains efforts que fait un homme endormi pour marcher ?

Il est d'autres sortes de cadences qui servent à exprimer ou la tristesse ou la joie, ou la douceur ou la légèreté, ou la pesanteur, et les maitres ne manquent pas d'en faire remarquer l'agrément, lorsqu'il s'en rencontre des exemples.

STYLE POÉTIQUE.

LA poésie a un langage qui lui est particulier, et qui est très-différent de celui de la prose. Comme les poëtes dans leurs ouvrages se proposent principalement de plaire, de toucher, d'élever l'âme, de lui inspirer de grands sentimens, et de remuer les passions ; on leur permet des expressions plus hardies, des manières de parler plus éloignées de l'usage commun, des répétitions plus fréquentes, des épithètes plus libres, des descriptions plus ornées et plus étendues. Ce sont là comme les couleurs dont la poésie, qui est une peinture parlante, se sert pour peindre au vif et au naturel, les images des choses dont elle parle. C'est ce qu'il faut bien faire observer aux jeunes gens.

Voyons quel usage Virgile a fait du seul mot *pendere.*

> Ite meæ, quondam felix pecus, ite capellæ:
> Non ego vos posthac viridi projectus in antro
> Dumosâ pendere procul de rupe videbo.

Le poëte pouvoit mettre, *non ego vos altâ pascentes rupe videbo.* Ce mot *pendere*, représente merveilleusement les chèvres qui paroissent de loin comme suspendues sur une colline escarpée où elles paissent.

L'exemple qui suit fournit une image encore plus gracieuse. Un père qui veut baiser son enfant, se courbe vers lui, et quand l'enfant a mis ses tendres bras autour de son cou, le père se relève et le tient ainsi suspendu. Le mot *pendere* suffit seul pour peindre cette image.

> Interea dulces pendent circum oscula nati.

Il en est ainsi de mille autres expressions poétiques, dont on doit faire remarquer aux jeunes gens, ou l'agrément ou l'énergie; mais ces mots sont communs à la prose comme à la poésie; ce qui distingue cette dernière, ce qui fait son agrément et sa richesse, c'est une foule de tours divers, de locutions particulières. C'est par-là qu'elle trouve les moyens de varier infiniment le discours, de montrer le même objet sous mille différentes faces, toujours nouvelles, de présenter par-tout des images riantes, de parler aux sens et à l'imagination un langage qui leur convienne, de dire les plus petites choses avec agrément, et les plus grandes avec une noblesse et une majesté qui en soutienne toute la grandeur et tout le poids.

Une des manières les plus ordinaires aux poëtes, c'est de décrire les choses par leurs effets, ou par leurs circonstances.

Au lieu de dire : *une terre qui se sera reposée une année, rapportera beaucoup l'année suivante ;* le poëte dit : une terre qui a senti deux étés et deux hivers, répond pleinement aux vœux de l'avide laboureur, et produit une si abondante moisson, que les greniers ne peuvent en supporter le poids.

> Illa seges demum votis respondet avari
> Agricolæ, bis quæ solem, bis frigora sensit.
> Illius immensæ ruperunt horrea messes.

Pour dire, *il n'y avoit point encore eu de guerre :* on n'avoit point encore entendu le son effrayant des trompettes, ni le bruit pétillant des épées qu'on forge sur les enclumes.

Necdum etiam audierant inflari classica, necdum
Impositos duris crepitare incudibus enses.

C'est principalement dans les descriptions et dans les narrations que paroît l'élégance et la vivacité du style poétique. J'en choisirai une seule, tirée du quatrième livre des Géorgiques, où Virgile décrit l'histoire d'Eurydice et d'Orphée, et je n'en rapporterai que quelques morceaux, les plus remarquables, dont je tâcherai de faire sentir la beauté.

Ipse cavâ solans œgrum testudine amorem
Te, dulcis conjux, te solo in littore secum,
Te veniente die, te decedente canebat.

Cela signifie simplement : *Orpheus citharâ dolorem leniens die ac nocte conjugem canebat ;* l'habileté consiste à donner à ces pensées et à ces expressions très-simples un tour poétique. *œgrum amorem* marque bien mieux la vive douleur d'Orphée que toute autre expression ; mais la principale beauté paroît dans les deux vers suivans. L'apostrophe a quelque chose de tendre et de touchant, et semble en quelque sorte rendre Eurydice présente : *te, dulcis conjux, te* etc, marque bien qu'Eurydice étoit le seul objet dont Orphée s'occupât. *Solô in littore secum*, n'est pas indifférent. On sait que la solitude et les lieux déserts sont fort propres à entretenir la douleur.

Orphée descend ensuite aux enfers ; il parvient, par la douceur de ses chants, à fléchir Proserpine, qui consent à lui rendre son épouse. Déja même il revenoit à la lumière.

Jamque pedem referens casus evaserat omnes,
Reddita que Eurydice superas veniebat ad oras,
Pone sequens, namque hanc dederat Proserpina legem,
Cum subita incautum dementia cœpit amantem :
Ignoscenda quidem, scirent si ignoscere manes.
Restitit, Eurydicen que suam, jam luce sub ipsâ,
Immemor heu ! victus que animi respexit : ibi omnis
Effusus labor, atque immitis rupta tyranni
Fœdera, ter que fragor stagnis auditus avernis,
Illa, quis et me, inquit, miseram, et te perdidit Orpheu?
Quis tantus furor ? en iterum crudelia retro
Fata vocant, condit que natantia lumina somnus.
Jam que vale : feror ingenti circumdata nocte,
Invalidas que tibi tendens (heu ! non tua) palmas.

On ne peut rien imaginer de plus beau ni de plus achevé que ce récit. Le commencement peut se réduire a cette proposition simple : *Jamque Eurydice pone sequens conjugem, superas ad oras veniebat, cum illam Orpheus respexit.* On sent bien que, des deux parties qui composent cette proposition, la plus intéressante est le regard que jette Orphée sur Eurydice. Aussi, c'est a quoi Virgile s'est le plus arrêté : ce qui est peint avec les couleurs les plus vives, c'est ce mot : *Eurydicen respexit.* L'epithète qu'il donne à Eurydice dit tout : *Euridicen suam* : sa chère Eurydice. Outre ce sens, qui se présente d'abord à l'esprit, et qui paroît le plus naturel, il y en a peut-être un autre plus secret et plus délicat. Eurydice, qu'il croyoit lui être rendue, être à lui, lui appartenir pour toujours. *Jam luce sub ipsâ* : Il touchoit au moment heureux où, effectivement, il en alloit être le maître. *Immemor heu ! victus que animi.* Il avoit long-tems combattu contre lui-même, long-tems résisté au desir de jetter un regard sur Eurydice ; mais enfin, vaincu par la passion, il oublia les conditions qu'on lui avoit prescrites; le mot, *victus*, laisse entendre tout cela.

Respexit. Afin que l'esprit du lecteur demeurât toujours suspendu jusques-là, ce mot qui est décisif, et qui seul détermine le sens, devoit être réservé jusqu'à la fin, et l'on peut dire que c'est comme le dernier trait et le dernier coup de pinceau qui achève cette peinture inimitable.

Le petit discours d'Eurydice est d'une beauté et d'une délicatesse qu'on ne peut assez admirer. Y a-t-il rien de plus poétique que cette phrase? *en iterum crudelia retro fata vocant, condit que natantia lumina somnus.* Pour dire : voilà que je meurs une seconde fois.

La fin efface, ce me semble, tout le reste. Tout ce que peut faire Eurydice dans ce dernier moment de la vie qui lui reste, est de tendre, vers son chèr Orphée, des mains foibles et mourantes, maintenant seules interprètes de son cœur. *Invalidas que tibi tendens, heu! non tua, palmas*: je n'entreprends point de faire valoir la délicatesse de ce mot, *heu! non tua*; il est plus facile de la sentir que de l'expliquer. Ce mot semble dit par opposition à cette autre expression qui a précédé : *Euridicen que suam*.

C'est ainsi que la lecture des poëtes, accompagnée de réflexions judicieuses, peut servir beaucoup aux jeunes gens, même pour l'éloquence, en leur élevant l'esprit, en leur apprenant à peindre les objets par des couleurs plus vives, en donnant à leur style plus d'abondance, plus de force, plus de variété et plus d'harmonie.

Je ne dis rien ici de la poésie française, parce que, la lecture de nos poëtes ne leur présentant que des roses sans épines, il seroit à craindre qu'elle ne les dégoûtât d'autres études, plus difficiles et moins agréables; mais plus utiles et plus importantes. Je crois cependant, qu'un jour elle peut leur être infiniment fructueuse, car il ne seroit pas raisonnable, qu'uniquement liés avec les auteurs grecs et latins, ils se montrassent peu curieux de faire connoissance avec les écrivains de leur pays, et qu'ils demeurassent toujours comme étrangers dans leur propre patrie.

DE LA RHÉTORIQUE.

Ce qu'il y a de plus important dans la rhéthorique, ne consiste pas tant dans les préceptes eux-mêmes, que dans les réflexions qui les accompagnent, et qui en montrent l'usage. On peut connoître le nombre des différentes parties du discours, celui des tropes et des figures, en savoir très-exactement les définitions, et n'en être pas pour cela plus habile dans la composition. Cela est utile et nécessaire, même jusqu'à un certain point, mais ne suffit pas; ce n'est-là que comme le corps et l'extérieur de la rhétorique. Si l'on n'y ajoute les observations qui rendent raison, et montrent l'effet de chaque précepte, c'est un corps sans âme. Quelques préceptes éclairciront ma pensée.

C'est une des règles de l'exorde, que l'orateur, pour se concilier la bienveillance des juges, doit parler fort modestement de lui-même, ne point trop montrer son éloquence, et rendre même suspecte, s'il se peut, celle de l'avocat qui plaide contre lui. Ce précepte est fort bon; mais les réflexions que Quintilien y ajoute, sont d'un bien plus grand prix. « Il est naturel, dit-il, » qu'on se sente porté d'inclination pour ceux » qui sont les plus foibles; et un juge religieux » écoute volontiers un avocat qu'il regarde » comme incapable de surprendre sa religion,

» et dont il ne croit point devoir se défier. De-
» là, le soin qu'avoient les anciens de cacher
» leur éloquence, bien différent de la vanité des
» orateurs de notre siècle, qui ne songent qu'à
» la montrer et à l'étaler ».

Il en rapporte ailleurs une autre raison encore plus belle, puisée dans la nature même, et fondée sur la connoissance du cœur de l'homme. « Il
» ne sied jamais à personne, dit-il, de se vanter
» soi-même; mais un orateur, sur-tout, a mau-
» vaise grâce de tirer vanité de son éloquence:
» cela rebute ses auditeurs, et souvent même le
» rend odieux; car il y a naturellement dans le
» cœur de l'homme je ne sais quoi de grand,
» de noble, d'élevé, qui fait qu'il ne peut rien
» souffrir au-dessus de lui. C'est pourquoi nous
» relevons volontiers ceux que nous trouvons
» abattus ou qui s'abaissent eux-mêmes; parce
» que cela nous donne un air de supériorité,
» et que cet état d'abaissement ne laissant plus
» de lieu à la jalousie, un sentiment naturel de
» bonté en prend aussi-tôt la place. Au contraire,
» celui qui se fait trop valoir blesse notre or-
» gueil, en ce que nous croyons qu'il nous ra-
» baisse et nous méprise, et qu'il ne semble pas
» tant s'élever lui-même, que faire descendre
» les autres au-dessous de lui ».

On met ordinairement la briéveté entre les qualités que doit avoir la narration, et on la fait consister à ne dire que ce qu'il faut; si ce principe n'est développé, il n'éclaire pas beaucoup l'esprit, et peut induire en erreur; mais ce qu'ajoute Quintilien le met dans tout son jour. « Quand j'avertis que la briéveté consiste » à ne dire que ce qu'il faut, je ne prétends pas » que l'orateur doive se borner à ce qui suffit » pour exposer simplement le fait. La narration, » pour être courte, ne doit pas manquer de » grâces; autrement elle seroit *sans art* et en» nuyeroit. Car le plaisir trompe et amuse, et ce » qui plaît paroît moins durer; de même qu'un » chemin riant et uni, quoique plus long, fatigue » moins qu'un chemin plus court qui seroit es» carpé ou désagréable ».

On sent bien que de telles réflexions peuvent beaucoup contribuer à donner le vrai goût de l'éloquence, et servent même à former et à nourrir le style : au lieu que les préceptes, quand on les traite d'une manière si nue et si abstraite, ne sont propres qu'à dessécher l'esprit, et qu'à décharner le discours, en ne lui laissant ni force ni agrément.

De la Composition.

C'est sur-tout en rhétorique que les jeunes gens s'appliquent à produire quelque chose d'eux-mêmes, et qu'on les forme avec plus de soin à cette partie des études la plus difficile, la plus importante, et qui est comme le but de toutes les

les autres. Pour être en état d'y réussir, ils doivent avoir fait, par la lecture des auteurs, un amas et une provision des termes et des manières de parler de la langue dans laquelle ils entreprennent d'écrire; ensorte que, lorsqu'il s'agira d'exprimer quelque pensée, et de la revêtir des termes convenables, ils trouvent dans leur mémoire, comme dans un riche trésor, toutes les expressions dont ils auront besoin.

Les matières de composition sont une espèce de plan que le maître trace aux écoliers, pour leur indiquer ce qu'ils doivent dire sur le sujet qu'on leur donne à composer.

Il est naturel de commencer par les matières les plus faciles, et le plus à la portée des jeunes gens, telles que sont les fables; et pour cela, il ne sera pas inutile de leur faire lire celles de Phèdre, qui sont un modèle parfait pour cette sorte de composition. On y joindra quelques-unes de celles de la Fontaine, qui leur apprendront à faire entrer dans leurs fables plus de pensées qu'il n'y en a dans celles de Phèdre, comme Horace a fait dans celle qu'il nous a laissée sur le rat de ville et le rat de campagne.

On fera succéder, à ces fables, de petites narrations, d'abord très-simples, ensuite plus ornées; des lieux communs, des parallèles, soit entre des grands hommes d'un caractère différent, dont on leur aura appris l'histoire; soit entre différentes professions, comme on voit que Cicéren, dans son plaidoyer pour Muréna, compare ensemble l'art militaire et la jurisprudence. Les discours, les harangues, sont ce qu'il y a de plus difficile; et, par cette raison, il est juste de les réserver pour la fin.

Il faut, comme le remarque Quintilien, applannir d'abord aux écoliers toutes les difficultés, et leur donner des matières proportionnées à leurs forces, et qui soient presque toutes digérées. Après qu'ils auront été, pendant quelque tems, exercés de la sorte, il ne faudra plus que les mettre sur la voie, et leur tracer légèrement le plan de ce qu'ils auront à dire, pour les accoutumer peu-à-peu à marcher seuls et sans secours. Ensuite, on ne fera pas mal de les abandonner entièrement à leur propre génie, de peur qu'en prenant l'habitude de ne rien faire qu'avec l'aide d'autrui, ils ne contractent une sorte de paresse et d'engourdissement, qui les empêche de faire aucun effort, et de ne rien trouver d'eux-mêmes. C'est à-peu-près ce que nous voyons que font les oiseaux : tant que leurs petits sont tendres et foibles, ils leur apportent à manger; quand ils sont devenus un peu plus forts, la mère les accoutume à sortir du nid, et leur apprend à voler, en voltigeant elle-même à l'entour. Enfin, quand elle a essayé leurs forces, elle leur fait prendre l'essor, et les abandonne à eux-mêmes.

Entre les devoirs du professeur, la manière de corriger les compositions des écoliers, est un des plus importans, et non pas des moins difficiles. Les réflexions que fait Quintilien, sur cette matière, sont tout-à-fait judicieuses; il avoit parlé de deux sortes de narrations, l'une sèche et sans grâces; l'autre, trop abondante, trop fleurie, trop chargée d'ornemens. C'est un défaut, dit-il, de part et d'autre. « Le premier, » pourtant, qui marque disette et stérilité, est » pire que le dernier, qui est causé par trop » d'abondance et de richesse. Car il ne faut ni » exiger, ni attendre des discours parfaits d'un » enfant; mais j'augurerai bien d'un esprit fé» cond, d'un esprit qui sait produire de lui» même, et fait de nobles efforts, dût-il se laisser » emporter. Je ne hais point que, dans cet âge, il » y ait quelque chose à retrancher; je veux même » qu'un maître, comme une bonne nourrice, » plein d'indulgence pour ses tendres élèves, leur » donne une douce nourriture, et les laisse se » remplir de ce qu'il y a de plus agréable et de » plus fleuri, comme d'un lait délicieux. Per» mettons-leur de s'égayer un peu, d'inventer, » et de se plaire dans ce qu'ils inventent, quoi» que leurs productions ne soient encore ni châ» tiées ni justes. On remédie facilement au trop » d'abondance, mais la stérilité est un mal sans » remède.

» Je dois avertir aussi, que rien n'abat si fort » l'esprit des enfans, que d'avoir un maître trop » sévère et trop difficile à contenter; car ils se

» chagrinent, ils désespèrent du succès, et ils
» prennent enfin l'étude en aversion.

» Qu'un maître, sur-tout, s'applique à se rendre agréable, afin d'adoucir, par les manières insinuantes, ce qu'il y a de dur dans la correction. Louer un endroit, trouver un autre supportable, changer celui-ci, et dire pourquoi il le change; racommoder celui là en y mettant un peu du sien : voilà comme il doit s'y prendre. La différence de l'âge en doit mettre aussi dans la manière de corriger les compositions ; et l'on doit demander plus ou moins, selon que les écoliers sont plus ou moins avancés. Pour moi, quand je voyois des enfans qui égayoient un peu trop leur style, et dont les pensées étoient plus hardies que solides; quant à présent, leur disois-je, cela est bien; mais il viendra un tems que je ne vous passerai pas la même chose. Par-là, ils se trouvoient flattés du côté de l'esprit, et n'étoient point trompés du côté du jugement ».

Un autre devoir du maître, est de s'attacher à donner à l'explication des auteurs tout le soin, tout le développement qu'elle exige. C'est en effet par elle qu'il fait l'application des préceptes, et qu'il apprend aux jeunes gens à en faire eux-mêmes usage dans la composition.

» Il fera observer comment, dans l'exorde, » on se rend les auditeurs favorables; quelle » clarté il y a dans la narration, qu'elle brié-

» veté, quel air de sincérité, quel dessein caché » quelquefois, et quel artifice ; car ici le secret » de l'art n'est guères connu que des maîtres de » l'art : quel ordre ensuite, et quelle justesse dans » la division : comment l'orateur sait trouver » avec esprit, et entasser les uns sur les autres » un grand nombre de moyens et de raisonne- » mens ; comment il est tantôt véhément et » sublime, tantôt au contraire doux et insi- » nuant ; qu'elle force et quelle violence il met » dans ses invectives ; quel sel et quel agrément » dans les railleries. Enfin, comment il ramène » les passions, comment il se rend maître des » cœurs, et tourne les esprits selon qu'il lui » plaît. De-là, passant à l'élocution, il leur fera » remarquer la propriété, l'élégance, la noblesse » des expressions : en quelle occasion l'ampli- » fication est louable, et quelle est la vertu op- » posée : la beauté des métaphores, et les diffé- » rentes figures ; ce que c'est qu'un style coulant » et périodique, mais pourtant mâle et nerveux ».

On peut regarder cet endroit de Quintilien comme un excellent abrégé des préceptes de rhétorique, et des devoirs du maître, en expliquant les auteurs. Tout ce que je dirai dans la suite, ne servira qu'à le développer, et à le mettre dans un plus grand jour.

Avant tout, je dois avertir que la lecture des auteurs, pour être utile, ne doit pas être superficielle et rapide. Il faut revoir souvent les mêmes endroits, sur-tout les plus beaux : les relire avec attention ; les comparer les uns avec les autres ; en approfondir le sens et les beautés ; se les rendre familiers, presque jusqu'a les savoir par cœur. Le moyen le plus assuré de profiter de cette lecture, qu'on doit regarder comme la nourriture de l'esprit, est de la digérer à loisir, et de la convertir par-là, pour ainsi dire, en sa propre substance.

Pour cela, il ne faut pas se piquer de lire un grand nombre d'auteurs ; mais, de bien lire ceux qui sont les plus estimés. On peut dire d'une trop grande lecture, ce que Séneque dit d'une vaste bibliothèque, qu'aulieu d'enrichir et d'éclairer l'esprit, elle ne sert le plus souvent qu'à y jetter le désordre et la confusion. Il vaut mieux s'attacher à un petit nombre d'auteurs choisis, et les étudier à fond, que de promener sa curiosité sur une multitude d'ouvrages qu'on ne peut qu'effleurer et parcourir rapidement.

DES TROIS DIFFÉRENS GENRES OU CARACTÈRES D'ÉLOQUENCE.

COMME il y a trois devoirs principaux de l'orateur, qui sont d'instruire, de plaire, et de toucher ; il y a aussi trois genres d'éloquence qui y répondent, et qu'on appelle ordinairement le genre simple, le genre sublime et le genre tempéré.

DU GENRE SIMPLE.

DE ces trois genres d'écrire, le premier, qui est le simple, n'est pas le plus facile, quoiqu'il le paroisse. Son caractère principal est la clarté, la précision, la simplicité. Il n'est pas ennemi des ornemens ; mais il n'en peut souffrir que de simples, et rejette ceux qui sentent l'affectation et le fard. Ce n'est pas une beauté vive et éclatante, mais douce et modeste, accompagnée d'une certaine négligence qui en relève encore le prix. La naïveté des pensées, la pureté du langage, et je ne sais quelle éloquence qui se fait plus sentir qu'elle ne paroît, en font tout l'ornement. On n'y voit point de ces figures étudiées qui montrent l'art à découvert, et qui semblent annoncer que l'orateur cherche à plaire : en un mot, il en est de ce genre d'écrire comme de ces tables servies proprement et simplement, dont tous les mets sont d'un goût excellent, mais d'où l'on bannit tout raffinement, toute délicatesse étudiée, tout ragoût recherché.

On voit par-là que le style simple doit être employé quand on parle de choses simples et communes; et qu'il convient sur-tout aux récits et aux parties du discours où l'orateur ne songe qu'à instruire ses auditeurs, ou à s'insinuer doucement dans leurs esprits.

Delà, venoit cette attention des anciens à cacher l'art, qui cesse en effet de l'être s'il est visible, bien différente de l'ostentation et du faste de ces écrivains, qui ne cherchent qu'a faire montre de leur esprit. De-là, certaines négligences qui ne choquent point et ne déplaisent point, parce qu'elles marquent un orateur plus occupé des choses que des mots. De-là, enfin, cet air de modestie et de retenue que les anciens avoient soin ordinairement de faire paroître dans l'exorde et dans la narration, pour le style, pour l'expression, pour les pensées, pour le ton même et le geste. L'orateur n'est pas encore admis dans les esprits. On l'observe avec attention. Alors, tout ce qui sent l'art est suspect a l'auditeur, en lui faisant craindre qu'on ne veuille lui tendre des embûches. Dans la suite, il est moins sur ses gardes, et laisse plus de liberté.

On ne peut trop faire remarquer aux jeunes gens le caractère de simplicité qui règne dans les anciens. Il faut les accoutumer à étudier en tout la nature, et leur répéter souvent que la meilleure éloquence est celle qui est la plus naturelle et la moins recherchée. Celle dont il s'agit ici consiste dans une certaine naïveté et dans une élégance qui plaît extrêmement, par cette raison la même, qu'elle ne cherche point à plaire.

Je ne puis m'empêcher de rapporter ici une petite histoire que Pline, le naturaliste, nous a conservée, où l'on verra, dans un seul mot, ce que c'est que cet ornement simple et naturel dont nous parlons. Un esclave, qui s'étoit tiré de servitude, ayant acheté un petit champ, le cultiva avec tant de soin, qu'il devint le plus fertile de tout le pays. Un tel succès lui attira la jalousie de tous ses voisins, qui l'accusèrent d'user de magie, et d'employer des sortilèges, pour procurer à son petit champ une si étonnante fertilité, et pour rendre leurs terres stériles. Il fut appellé en jugement devant le peuple romain. Le jour de l'assignation étant venu, il comparut. On sait que l'assemblée du peuple se tenoit dans la place publique. Il amena avec lui sa fille, qui étoit une grosse paysanne très-laborieuse, bien nourrie et bien vêtue. Il fit apporter tous ses instrumens de labour, qui étoient en fort bon état, des hoiaux très-pesans, une charue bien équipée et bien entretenue, et fit aussi venir ses bœufs qui étoient gros et gras. Puis, se tournant vers les juges : voilà, dit-il mes sortilèges, et la magie que j'emploie pour rendre mon champ fertile. *Veneficia mea, quirites, hæc sunt.* Je ne puis pas, continua-t-il, vous produire ici mes sueurs, mes veilles, mes travaux de jour et de nuit. Les suffrages ne furent point partagés, et il fut absous d'une commune voix.

Il n'y a personne qui, à la simple lecture de ce récit, ne soit frappé de la beauté de cette réponse, *veneficia mea, quirites, hæc sunt.* Mais en quoi donc consiste cette beauté? Y a-t-il dans ce peu de mots quelque pensée extraordinaire, quelque expression brillante, quelque métaphore hardie, quelque figure sublime? Rien de tout cela. C'est la naïveté seule de cette réponse et une ingénieuse simplicité, puisée dans la nature même, qui plaît et qui charme. Qu'on substitue à ce peu de paroles, si simples et si peu recherchées, le discours le plus spirituel et le plus orné qu'il soit possible d'imaginer. On ôte à la réponse du paysan toute sa grâce. C'est ainsi, comme le rapporte le même Pline, que Néron, par un mauvais goût, qui lui faisoit préférer le brillant à la simplicité, gâta une des plus belles statues de Lysippe, en la faisant dorer, parce qu'elle n'étoit que d'airain. Il fallut lui ôter cette dorure qui avoit altéré toute la beauté de l'art, et ce ne fut qu'en perdant ce nouvel éclat que la statue recouvra son ancien prix.

GENRE SUBLIME.

Le style simple dont je viens de parler, quoique parfait dans son genre, et rempli de grâces souvent inimitables, est bon pour instruire, pour prouver, et même pour plaire : mais il ne produit point ces grands effets, sans lesquels Cicéron compte l'éloquence pour rien. Comme ces beautés simples et naturelles n'ont rien de grand, et qu'on y voit un orateur toujours tranquille, cette égalité de style n'échauffe et ne remue point l'âme : aulieu que le genre sublime produit en nous une certaine admiration, mêlée d'étonnement et de surprise, qui est bien autre chose que de plaire seulement, ou de persuader. Nous pouvons dire à l'égard de la persuasion, que, pour l'ordinaire, elle ne fait sur nous, qu'autant de puissance que nous voulons. Il n'en est pas ainsi du sublime. Il donne au discours une vigueur noble, une force invincible qui enlève l'âme de quiconque nous écoute. Par ce ton de majesté et de grandeur, par ces mouvemens vifs et animés, par cette force et cette véhémence qui y règnent, il enlève l'auditeur, et le laisse comme abattu et ébloui, pour ainsi dire, de ses foudres et de ses éclairs.

En un mot, le style simple plait et flatte, le sublime ravit et transporte. C'est ainsi que nous n'admirons pas naturellement de petits ruisseaux, bien que l'eau en soit claire et transparente, et utile même pour notre usage; mais nous sommes véritablement surpris quand nous regardons le Danube, le Nil, le Rhin, et l'Océan sur-tout.

Le vrai sublime consiste dans une manière de penser noble, grande, magnifique; et il suppose, par conséquent, dans celui qui écrit ou qui parle, un esprit qui n'aie rien de bas ou de rampant, mais qui soit au contraire rempli de hautes idées, de sentimens généreux, et de je ne sais quelle noble fierté qui se fasse sentir en tout. Cette élévation d'esprit et de style doit être l'image et l'effet de la grandeur d'ame. Darius offroit la moitié de l'Asie, avec sa fille, en mariage à Alexandre. *Pour moi*, lui disoit Parménion, *si j'étois Alexandre, j'accepterois ces offres. Et moi aussi*, répliqua ce prince, *si j'étois Parménion*. N'est-il pas vrai qu'il falloit être Alexandre pour faire cette réponse?

J'apporterai ici quelques exemples de pensées sublimes, qui en feront mieux sentir la beauté et le caractère que tous les préceptes.

Que peuvent contre Dieu tous les rois de la terre?
En vain ils s'uniroient pour lui faire la guerre.
Pour dissiper leur ligue il n'a qu'à se montrer.
Il parle, et dans la poudre il les fait tous rentrer.
Au seul son de sa voix la mer fuit, le ciel tremble.
Il voit comme un néant tout l'univers ensemble,
Et ces foibles mortels, vains jouets du trépas,
Sont tous devant ses yeux comme s'ils n'étoient pas.

RACINE, *Esther*.

Cet

Cet autre trait du même poëte n'est pas moins grand, quoiqu'en un seul vers.

Je crains dieu, cher Abner, et n'ai point d'autre crainte.

Dans tous ces endroits, le sublime vient de la noblesse et de la grandeur des pensées. La noblesse des pensées entraîne ordinairement après elle, celle des paroles qui, à leur tour, servent beaucoup à relever les pensées; mais il faut bien se donner de garde de prendre pour sublime une apparence de grandeur bâtie ordinairement sur de grands mots assemblés au hasard; et qui n'est à la bien examiner, qu'une vaine enflure de paroles, plus digne de mépris que d'admiration; en effet, l'enflure n'est pas moins vicieuse dans le discours que dans le corps. Elle n'a que de faux dehors et une apparence trompeuse: au-dedans elle est creuse et vuide.

Les figures ne sont pas une des moindres parties du sublime, et ce sont elles qui donnent le plus de vivacité au discours. Démosthènes, après la bataille de Chéronée, veut justifier sa conduite, et rendre le courage aux athéniens intimidés et abattus par cette défaite. *Non, citoyens*, leur dit-il, *non, vous n'avez point failli. J'en jure par les mânes de ces grands hommes, qui ont combattu pour la même cause dans les plaines de Marathon, à Salamine, devant Platée.* Il pouvoit dire simplement que l'exemple de ces grands hommes justifioit leur conduite. Mais en changeant l'air naturel de la preuve, en cette grande et pathétique manière d'affirmer par des sermens si extraordinaires et si nouveaux, il élève ces anciens citoyens au-dessus de la condition humaine, il inspire à ses auditeurs l'esprit et le sentiment de ces illustres morts, et il égale en quelque sorte la bataille qu'ils ont perdue aux victoires remportées à Marathon et à Salamine.

GENRE TEMPÉRÉ.

ENTRE les deux genres d'éloquence dont nous avons parlé jusqu'ici, savoir: le simple et le sublime, il y en a un troisième, qui tient comme le milieu entre les deux autres: qui n'a ni la simplicité du premier, ni la force du second: qui en approche, sans leur ressembler; qui participe de l'un et de l'autre, ou, pour parler plus juste, qui s'en éloigne également. Il a plus de force et d'abondance que le premier; mais moins d'élévation que le second. Il admet tous les ornemens de l'art; la beauté des figures, l'éclat des métaphores, le brillant des pensées, l'agrément des digressions, l'harmonie du nombre et de la cadence. Il coule doucement néanmoins, semblable à une belle rivière, dont l'eau est pure, et que de vertes forêts ombragent des deux côtés.

Il nous reste à faire, sur cette sorte de style,

quelques réflexions qui aideront les jeunes gens à discerner les ornemens solides de ceux qui n'ont qu'un vain éclat. On appelle ornemens en matière d'éloquence, certains tours, certaines manières, qui contribuent à rendre le discours plus agréable, plus insinuant, et même plus persuasif. L'orateur ne parle pas seulement pour se faire entendre, auquel cas il suffiroit de dire les choses d'une manière toute simple, pourvu qu'elle fût claire et intelligible; son principal but est de convaincre et de toucher, à quoi il ne peut réussir, s'il ne trouve le moyen de plaire. Il veut aller à l'esprit et au cœur; mais il ne peut le faire qu'en passant par l'imagination, à laquelle par-conséquent il faut parler son langage, qui est celui des figures et des images, parce qu'elle n'est frappée et remuée que par les choses sensibles. Il ne suffit donc pas que le discours soit clair et intelligible, ni qu'il soit plein de raisons et de pensées solides. L'éloquence ajoute à cette clarté et à cette solidité certain agrément, certain éclat, et c'est ce qu'on appelle ornement. Par-là, l'orateur satisfait en même-tems l'esprit et l'imagination; il donne à l'esprit la vérité et la solidité des pensées et des preuves, qui est comme sa nourriture naturelle; et il accorde à l'imagination la beauté, la délicatesse, l'agrément des expressions et des tours qui sont plus de son ressort, et lui appartiennent plus particulièrement.

Il y a un genre d'éloquence qui est uniquement pour l'ostentation, et qui n'a d'autre but que le plaisir de l'auditeur, comme les discours académiques, certains panégyriques, et d'autres pièces semblables, où il est permis de déployer toutes les richesses de l'art, et d'en étaler toute la pompe. Pensées ingénieuses, expressions frappantes, tours et figures agréables, métaphores hardies, arrangement nombreux et périodique; en un mot, tout ce que l'art a de plus magnifique et de plus brillant, l'orateur peut non-seulement le montrer, mais même, en quelque sorte, en faire parade, pour remplir l'attention d'un auditeur qui n'est venu que pour entendre un beau discours, et dont il ne peut enlever les suffrages qu'à force d'élégance et de beautés.

Il est pourtant nécessaire, même dans ce genre, que les ornemens soient dispensés avec une sorte de sobriété et de sagesse, et l'on doit sur-tout y jetter une grande variété. Un discours qui partout est ajusté et peigné, sans mélange, où tout frappe, tout brille; un tel discours cause plutôt une espèce d'éblouissement qu'une véritable admiration; il lasse et il fatigue par trop de beautés, et il déplaît, à la longue, à force de plaire. Il faut dans l'éloquence, comme dans la peinture, des ombres pour donner du relief, et tout ne doit pas être lumière.

Si cela est vrai, même dans ces sortes de discours qui ne sont que pour l'apparat et pour la cérémonie, combien plus ce précepte doit-il être observé dans ceux où l'on traite d'affaires sérieuses et importantes? Quand il s'agit des biens, du repos, de l'honneur des familles, est-il permis à un orateur de s'occuper du soin de sa réputation, et de chercher à faire paroître de l'esprit? Ce n'est pas qu'on prétende bannir de ces discours les grâces et la beauté du style; mais les ornemens qu'il est permis d'y employer, doivent être plus graves, plus modestes, plus sévères, et partir plutôt du fond de la matière même, que du génie de l'orateur. On ne peut trop le répéter; il faut que cette parure soit mâle et noble; il faut une éloquence ennemie de tout fard et de toute afféterie, qui brille pourtant, mais de santé, s'il faut, ainsi dire, et qui ne doive sa beauté qu'à ses forces; car il en doit être du discours, comme du corps humain qui tire ses véritables agrémens de sa bonne constitution; au lieu que le fard et l'artifice ne servent qu'à gâter le visage par le soin même qu'on prend de l'embellir.

Pour distinguer les ornemens vrais et naturels de ceux qui sont faux et étrangers, il n'y a qu'à examiner s'ils sont utiles ou nécessaires au sujet que l'on traite. Il y a un style éblouissant, qui impose, par le vain éclat de l'expression, ou qui court sans cesse après des pensées froides et puériles, ou qui est toujours monté sur des échasses, ou qui s'égare en des lieux communs vuides de sens, ou qui brille de je ne sais quelles petites fleurs, qui tombent dès qu'on vient à les secouer, ou qui se guinde enfin jusqu'aux nues pour attraper le sublime. Tout cela n'est point vraie éloquence, mais vaine et ridicule parure; et, pour le bien faire sentir aux jeunes gens, il faut les rendre extrêmement attentifs à cette exacte sévérité des bons écrivains, soit anciens, soit modernes, qui ne sortent point de leur sujet, et n'outrent rien; car ces fausses grâces, et ces fausses beautés, disparoissent quand on leur en oppose de solides.

Je dirois volontiers des grâces du style fleuri, par rapport aux beautés d'un style plus solide et plus mâle, ce que Pline remarque des fleurs, en les comparant aux arbres : la Nature, dit-il, semble avoir voulu se jouer, et comme s'égayer dans cette variété de fleurs dont elle orne les champs et les jardins; variété incompréhensible, et que nulle description ne peut exprimer, parce que la Nature est bien plus habile à peindre que l'homme à parler; mais comme elle ne produit les fleurs que pour le plaisir, aussi ne leur donne-t-elle souvent pour durée que le court espace d'un jour; au lieu que, pour les arbres destinés à la nourriture de l'homme et aux usages de la vie, elle leur accorde plusieurs années, et quelquefois des siècles entiers; sans doute pour nous avertir que ce qui est fort brillant passe bien vîte, et perd bientôt sa vivacité et son éclat. Il est aisé de faire l'application de cette pensée aux beautés du style dont nous parlons ici, auxquelles on sait que les orateurs donnent ordinairement le nom de fleurs.

DE CE QUE L'ON DOIT OBSERVER DANS LES AUTEURS.

Je réduirai ces observations à sept ou huit chefs, qui sont le raisonnement et les preuves, les pensées, le choix des mots, leur arrangement, les figures, certaines précautions oratoires, les passions. Je mêlerai quelquefois à ces observations des exemples tirés des meilleurs auteurs, qui serviront à éclaircir les préceptes, et apprendront l'art de composer.

Du raisonnement et des preuves.

C'est ici la partie de l'art oratoire la plus nécessaire, la plus indispensable, qui en est comme le fondement, et à laquelle on peut dire que toutes les autres se rapportent. Il faut donc que les jeunes gens, quand ils examinent un discours, une harangue, un ouvrage, se rendent sur-tout attentifs aux preuves et aux raisons; qu'ils les séparent de tout l'éclat extérieur qui les environne, dont ils pourroient se laisser éblouir; qu'ils les pèsent et les considèrent en elles-mêmes; qu'ils examinent si elles sont solides, si elles appartiennent au sujet, et si elles sont à leur place. Il faut que toute la suite, toute l'économie du discours, soit bien présente à leur esprit, et qu'après qu'on le leur aura expliqué, ils soient en état de rendre raison des desseins de l'auteur, et de dire sur chaque endroit : ici, il eut à prouver telle chose, et il la prouve par telles raisons.

Parmi les preuves, il y en a de fortes et de convaincantes, sur chacune desquelles il faut insister, et qu'il faut montrer séparément, de peur qu'elles ne soient obscurcies et confondues dans la foule. Il y en a d'autres, au contraire, plus foibles et plus légères qu'il faut entasser ensemble, afin qu'elles se prêtent un mutuel secours, en suppléant à la force par le nombre. Il faut éviter toutefois de trop insister sur des choses qui ne le méritent pas; car alors nos preuves, outre qu'elles sont ennuyeuses, deviennent encore suspectes par le soin même que nous prenons d'en accumuler un trop grand nombre, qui semble marquer que nous nous en défions nous-mêmes.

On demande s'il faut placer les meilleures preuves au commencement, pour s'emparer tout d'un coup des esprits, ou à la fin, pour y laisser une plus forte impression. Cicéron semble dire, dans quelques endroits, qu'il faut commencer et finir par ce que l'on a de plus fort, et jetter entre deux ce qu'on a de plus foible; mais, dans ses partitions oratoires, il avoue qu'on ne peut pas toujours ranger ses preuves comme on le voudroit; et qu'un orateur sage et prévoyant doit sur cela consulter la disposition de ses auditeurs, et se régler sur leur goût. Quintilien aussi, sans rien décider, marque que l'ordre et l'arrangement des preuves doit être différent, selon l'exigence des matières que l'on traite, de sorte pourtant, que jamais le discours n'aille en déclinant, et ne finisse par de minces et de foibles raisons, après qu'on en a employé de fortes.

La liaison des preuves entr'elles n'est pas une chose indifférente, et elle contribue beaucoup à la clarté et à l'ornement du discours. Elle dépend de la justesse et de la délicatesse des transitions, qui sont comme un nœud dont on se sert pour unir des parties et des propositions, qui souvent paroissent n'avoir aucun rapport, qui sont indépendantes et comme étrangères à l'égard les unes des autres, et qui, sans ce lien commun, s'entre-heurteroient mutuellement. L'art de l'orateur consiste donc alors à savoir, par de certains tours, et de certaines pensées ménagées adroitement, mettre en ces différentes preuves une union si naturelle, quelles semblent faites les unes pour les autres, et que toutes ensemble elles forment, non des membres et des morceaux détachés, mais un corps et un tout continu.

Il y a encore une observation plus importante. Il ne suffit pas d'avoir trouvé des preuves solides; de les avoir rangées dans l'ordre qui leur convient; de les avoir bien unies ensemble : il faut savoir les développer, et leur donner une juste étendue pour en faire sentir tout le poids, et pour en tirer tout l'avantage possible. C'est en cela que consiste principalement la force de l'éloquence, et l'art de l'orateur; et c'est en quoi Cicéron a sur-tout réussi. J'en rapporterai un seul exemple, tiré de son plaidoyer pour Milon.

A plusieurs preuves, par lesquelles Cicéron avoit montré que Milon étoit bien éloigné d'avoir formé le dessein de tuer Clodius, il ajoute une réflexion tirée de la circonstance du tems, et il demande s'il est vraisemblable, qu'à la veille presque des assemblées du peuple romain, où se devoient donner des charges, Milon, qui songoit à demander le consulat, eût été assez imprudent pour aliéner de lui tous les esprits par un si lâche assassinat. Cette réflexion est fort sensée; mais si l'orateur s'étoit contenté de la montrer simplement, sans lui prêter le secours de l'éloquence, elle n'auroit pas fort touché les juges. Il la fait donc valoir d'une manière merveilleuse, en montrant comment dans une telle conjoncture, on est circonspect et attentif jusqu'au scrupule à ménager les bonnes grâces et les suffrages des citoyens. « Je sais, dit-il, jus- » qu'où va la timidité de ceux qui briguent les » charges, et combien la demande du consulat » entraîne avec elle de soins et d'inquiétudes. » Nous craignons, non-seulement ce qu'on peut » nous reprocher ouvertement, mais ce qu'on » peut penser de nous, en secret et dans le fond

» du cœur. Le moindre bruit, la fable la plus » vaine et la moins fondée, nous allarme et nous » déconcerte. Nous étudions avec inquiétude les » les yeux, les regards, les paroles de tout le » monde; car rien n'est si délicat, si fragile, » si incertain, ni si variable que la volonté des » citoyens à l'égard de quiconque prétend aux » charges publiques. Non-seulement ils s'irritent » et s'offensent de la faute la plus légère; ils » conçoivent même souvent de capricieux et » d'injustes dégoûts pour les plus belles actions ». Il conclut, de ce raisonnement, d'une manière encore plus vive, en demandant s'il y a la moindre vraisemblance que Milon, uniquement occupé depuis si long-tems de l'attente de ce grand jour, eût osé se présenter devant l'auguste assemblée du peuple, les mains encore fumantes du sang de Clodius, et portant sur son front, et dans toute sa contenance, l'aveu de son crime.

Il faut avouer que ce sont ces sortes d'endroits qui convainquent, qui touchent, qui enlèvent l'auditeur. On doit pourtant prendre garde de ne les pas pousser trop loin, et de se défier d'une imagination trop vive, qui, s'abandonnant à ses saillies, s'arrête mal-à-propos sur des choses étrangères au sujet, ou de peu de conséquence; ou qui insiste trop long-temps sur les choses même qui méritent quelque attention.

DES

DES PENSÉES.

PENSÉE est un mot fort vague et fort général, qui a plusieurs significations différentes. On voit assez que ce que nous examinons ici sont les pensées qui entrent dans les ouvrages d'esprit et qui en sont une des principales beautés.

C'est ici, proprement, ce qui fait le fond et le corps du discours, car l'élocution n'en est que le vêtement et la parure. Il faut donc inculquer de bonne heure aux jeunes gens ce grand principe, si souvent répété dans Cicéron et dans Quintilien, que les mots ne sont que pour les choses, qu'ils ne sont destinés qu'à mettre au jour, et tout au plus à embellir nos pensées : que les expressions les plus brillantes, si elles sont dépourvues de sens, ne doivent être regardées que comme un son vuide et méprisable, qui n'a rien que de ridicule et d'insensé.

La vérité est la première qualité, et comme le fondement des pensées les plus belles, ou plutôt celles qui passent pour telles, et qui semblent l'être, ne le sont pas en effet, si ce fonds leur manque.

Les pensées sont les images des choses, comme les paroles sont les images des pensées; et penser, à parler en général, c'est former en soi la peinture d'un objet ou spirituel ou sensible. Or, les images et les peintures ne sont véritables qu'autant qu'elles sont ressemblantes. Ainsi, une pensée est vraie, lorsqu'elle représente les choses fidèlement, et elle est fausse, quand elle les fait voir autrement qu'elles ne sont en elles-mêmes.

Pour penser bien, il ne suffit pas que les pensées n'aient rien de faux. Les pensées, à force d'être vraies, sont quelquefois triviales. La verité qui plaît tant ailleurs sans nul ornement, en demande ici ; et cet ornement n'est quelquefois qu'un tour nouveau qu'on donne aux choses. Les exemples vous feront comprendre ce que je veux dire.

La mort n'épargne personne. Voilà une pensée fort vraie ; mais c'est une pensée bien simple et bien commune. Pour la relever et la rendre nouvelle en quelque façon, il n'y a qu'à la tourner de la manière qu'Horace et Malherbe l'ont fait. Le premier la tourne ainsi :

Pallida mors æquo pulsat pede pauperum tabernas
Regum que turres.

» La mort renverse également les cabanes des
» pauvres, et les palais des rois ».

Le second prend un autre tour.

Le pauvre en sa cabane où le chaume le couvre
Est sujet à ses loix,
Et la garde qui veille aux barrières du Louvre
N'en défend pas nos rois.

Le tour du poëte latin est plus figuré et plus

vif : celui du poëte français est plus naturel et plus fin : il y a de la noblesse dans l'un et dans l'autre.

Ce qui relève sur-tout un discours, ce sont les pensées qui ont de l'élévation, et qui ne représentent à l'esprit que de grandes choses. La sublimité, la grandeur dans une pensée, est justement ce qui emporte et ce qui ravit, pourvu que la pensée convienne au sujet. Car c'est une règle générale, qu'il faut penser selon la matière que l'on traite ; et rien n'est moins raisonnable que d'avoir des pensées sublimes dans un petit sujet qui n'en demande que de médiocres. Il vaudroit presque mieux n'en avoir que de médiocres dans un grand sujet qui en demanderoit de sublimes.

» Vous n'avez rien reçu de plus grand de la » fortune, que le pouvoir de conserver la vie à » une infinité de personnes ; ni rien de meilleur » de la nature que la volonté de le faire ».

C'est à César que parle ainsi l'orateur romain ; et voici comme un historien parle de ce dernier.

» Il n'a dû son élévation qu'à lui-même, et » son grand génie a empêché que les nations » vaincues n'eussent, par l'esprit, autant d'a- » vantage sur les romains, que les romains en » avoient sur elles par la valeur ». Mais le vieux Sénèque dit quelque chose de plus magnifique, en disant que : « Cicéron est le seul esprit qu'ait eu le peuple romain égal à son empire ».

Voilà donc une première espèce de pensées, qui ne gagnent pas seulement la créance, comme vraies, mais qui attirent l'admiration, comme nouvelles et extraordinaires. Celles de la seconde espèce sont les agréables, qui surprennent et qui frappent quelquefois autant que les nobles et les sublimes; mais qui font, par l'agrément, ce que font les autres par la noblesse et par la sublimité. Les pensées sublimes sont aussi agréables, mais ce n'est pas l'agrément qui en fait le caractère. Elles plaisent, parce qu'elles ont du grand, qui charme toujours l'esprit; au lieu que celles-ci ne plaisent que parce qu'elles sont agréables. Ce qu'il y a de charmant en elles, est, comme en certaines peintures, quelque chose de doux, de tendre et de gracieux.

Les comparaisons tirées des sujets fleuris et délicieux, font des pensées agréables, de même que celles qu'on tire des grands sujets font des pensées nobles. « Il me paroît, dit Costar, que » c'est un grand avantage d'être porté au bien » sans nulle peine; et il me semble que c'est un » ruisseau tranquille, qui, suivant sa pente na- » turelle, coule sans obstacles entre deux rives » fleuries. Je trouve au contraire, que ces gens » vertueux par raison, qui font quelquefois de » plus belles choses que les autres, sont de ces » jets d'eau, où l'art fait violence à la nature, » et qui, après avoir jailli jusques au ciel, s'ar- » rêtent bien souvent par le moindre obstacle ».

C'est encore penser joliment, que de dire avec Balzac, d'une petite rivière : « Cette belle eau » aime tellement ce pays, qu'elle se divise en » mille branches, et fait une infinité d'îles et » de tours afin de s'y amuser d'avantage.

L'agrément nait d'ordinaire de l'opposition, sur-tout dans les pensées doubles qui ont deux sens, et comme deux faces : car cette figure, qui semble nier ce qu'elle établit, et qui se contredit en apparence, est très-élégante. « Sénèque dit qu'une grande fortune est une grande servitude : Tacite, qu'on fait quelquefois toutes sortes de bassesses pour s'élever, et d'actions serviles pour régner. Selon Voiture, le secret pour avoir de la santé et de la gaieté, est que le corps soit agité, et que l'esprit se repose ».

Cependant, il ne faut pas croire qu'une pensée ne puisse être agréable que par des endroits brillans, et qui aient du jeu : la seule naïveté en fait quelquefois tout l'agrément. Elle consiste cette naïveté, dans je ne sais quel air simple et ingénu, mais spirituel et raisonnable ; tel qu'est celui d'un villageois de bon-sens, ou d'un enfant qui a de l'esprit.

Il y a une troisième espèce de pensées qui, avec de l'agrément, ont de la délicatesse, ou plutôt, dont tout l'agrément, toute la beauté, tout le prix, vient de ce qu'elles sont délicates. Des exemples rendront la chose sensible.

Le fleuve qui rendoit l'Egypte fertile par ses

inondations réglées, ne s'étant point débordé une fois, Trajan envoya des bleds en abondance au secours des peuples qui n'avoient pas de quoi vivre. « Le Nil, dit Pline, n'a jamais coulé plus » abondamment pour la gloire des Romains ».

Le même auteur dit, sur l'entrée de Trajan dans Rome : « Les uns publioient après vous » avoir vu, qu'ils avoient assez vécu; les autres, » qu'ils devroient encore vivre ».

Outre la délicatesse des pensées, qui sont purement ingénieuses, il y en a une qui vient des sentimens. Rien n'est plus délicat que les plaintes d'une tourterelle qu'on fait parler dans un petit dialogue en vers. Le dialogue est entre un passant et la tourterelle.

LE PASSANT.

Que fais-tu dans ce bois plaintive Tourterelle ?

LA TOURTERELLE.

Je gémis : j'ai perdu ma compagne fidèle.

LE PASSANT.

Ne crains-tu point que l'oiseleur
Ne te fasse mourir comme elle ?

LA TOURTERELLE.

Si ce n'est lui, ce sera ma douleur.

Je finirai cet extrait par une réflexion également sensée et spirituelle du père Bouhours. « Ce » qu'il y a, dit-il, de plus délicat dans les pensées » et dans les expressions des auteurs, qui ont » écrit avec beaucoup de justesse et de délica- » tesse, se perd quand on veut les mettre dans » une autre langue, à-peu-près comme ces » essences exquises, dont le parfum subtil s'é- » vapore, quand on les verse d'un vase dans un » autre ».

DU CHOIX DES MOTS.

On a vu, dans tous les exemples que j'ai cités jusqu'ici, combien le choix des mots sert à mettre les pensées et les preuves dans leur jour, et à en faire sentir la beauté et la force. Ce sont, en effet, les expressions qui donnent aux choses une nouvelle grâce, et qui leur prêtent ce vif coloris si propre à faire de riches peintures et des tableaux parlans; de sorte que par le changement, et quelquefois par le dérangement seul des expressions, presque toute la beauté du discours disparoît et s'évanouit.

C'est une chose merveilleuse de voir comment des mots, qui sont entre les mains de tout le monde, et qui, par eux-mêmes, n'ont aucune beauté particulière, maniés avec art, et appliqués à certains usages, acquièrent tout d'un coup un éclat qui les rend tout autres. *Ædificare*, quand il signifie *bâtir une maison*, est un mot fort simple. Quand le poëte l'employe pour exprimer ces parures, à différens étages, dont les dames ornoient leurs têtes.

> Tot premit ordinibus, tot adhuc compagibus altum
> Ædificat caput :

C'est comme un diamant qui brille d'une vive lumière. Boileau a bien su profiter de la pensée et de l'expression de Juvénal.

> Et qu'une main savante, avec tant d'artifice,
> Bâtit de ses cheveux l'élégant édifice.

On peut dire que les mots ne valent que ce qu'on les fait valoir, et que c'est l'art de l'ouvrier qui y donne le prix. Comme ils sont destinés pour exprimer les pensées, c'est d'elles qu'ils doivent naître; car les bonnes expressions sont ordinairement attachées aux choses mêmes, et les suivent comme l'ombre suit le corps. C'est une erreur de croire qu'il faille toujours les chercher hors du sujet, comme si elles se déroboient à nous, et qu'il leur fallût faire une espèce de violence pour les employer; les plus naturelles sont les meilleures, il ne s'agit que d'en faire le choix, et de savoir les employer chacune dans leur place. Ce choix coute d'abord plus de tems et de peine, parce qu'alors il faut examiner, peser, comparer; mais dans la suite il devient si facile et si naturel, que les mots s'offrent d'eux-mêmes, et naissent sous la plume, presque tous sans qu'on y pense.

Il ne faut qu'ouvrir nos bons auteurs pour y trouver une foule d'expressions, tantôt vives et énergiques, tantôt brillantes et pleines d'agrémens.

« Cet homme, dit Fléchier, en parlant de » Machabée, que Dieu avoit mis autour d'Is- » raël, comme un mur d'airain, où se brisèrent » tant de fois toutes les forces de l'Asie, après » avoir défait de nombreuses armées, venoit, » tous les ans, comme le moindre des Israëlites, » réparer, avec ses mains triomphantes, les » ruines du sanctuaire.

» On l'a vu (Turenne) dans la fameuse bataille » des Dunes, arracher les armes des mains des » soldats étrangers, qu'une férocité naturelle » acharnoit sur les vaincus.

» Il attacha, par des nœuds de respect et d'a- » mitié, ceux qu'on ne retient ordinairement » que par la crainte des supplices.... Par quelle » invisible chaîne entraînoit-il ainsi les vo- » lontés ? »

On a pu remarquer, dans les exemples que je viens de citer, que les épithètes contribuent beaucoup à l'élégance et à la force du discours. Elles produisent sur-tout cet effet, selon la remarque de Quintilien, lorsqu'elles sont figurées et métaphoriques. Sans les épithètes, le discours languit, et paroît presque sans âme et sans vie. Il ne faut pourtant pas trop les multiplier; car, pour me servir de la comparaison de Quintilien, il en est des épithètes, dans le discours, comme des valets dans l'armée, qui la surchargeroient extrémement, et ne serviroient qu'à l'embarasser, si chaque soldat avoit le sien, parce qu'alors on doubleroit le nombre sans doubler les forces.

DE L'ARRANGEMENT DES MOTS.

ON ne peut disconvenir que l'arrangement des mots ne contribue beaucoup à la beauté, et quelquefois même a la force du discours. En effet, quelque belle que soit une pensée en elle-même, si les mots qui l'expriment sont mal arrangés, la délicatesse de l'oreille en est choquée.

Il est donc très-important que les jeunes gens soient formés, de bonne heure, à discerner dans les auteurs cet arrangement. Il faut leur faire admirer comment les mots sont dans la main de l'orateur, comme une cire molle et flexible qu'il manie et qu'il tourne comme il veut, et à laquelle il fait prendre toutes les formes qu'il lui plaît: comment, par la différente structure qu'il leur donne, le discours tantôt marche avec une gravité majestueuse, ou coule avec une prompte et légère rapidité; tantôt charme et enlève l'auditeur par une douce harmonie, ou le pénètre d'horreur et de saisissement par une cadence dure et âpre, selon la différence des sujets qu'il traite. On leur fera observer que cet arrangement a une vertu merveilleuse, non-seulement pour plaire, mais encore pour faire impression sur les esprits. Car, comme le remarque Quintilien, il n'est guères possible qu'une chose aille au cœur, quand elle commence par choquer l'oreille, qui en est comme le vestibule et l'entrée. Au contraire, l'homme écoute volontiers ce qui lui plaît, et il est conduit, par le plaisir, à croire ce qu'on lui dit.

Le moyen le plus facile et le plus sûr de faire sentir aux jeunes gens la beauté de l'arrangement des mots, est de pratiquer ce que Cicéron lui-même a fait dans les livres de l'orateur, en traitant cette matière; c'est-à-dire, de choisir, dans les livres qu'on leur explique, quelques endroits des plus nombreux et des plus périodiques, et d'en déranger l'ordre et la structure. Les mêmes pensées et les mêmes expressions demeureront, mais non pas la même grâce ni la même force; et plus ces endroits brilleront par le sens et par la diction, plus ils deviendront choquans par ce dérangement, parce que la magnificence des mots le rendra encore plus remarquable.

Quoique le nombre doive être répandu dans tout le corps et le tissu de la période, et que ce soit de cette union et de ce concert de toutes les parties que résulte l'harmonie dont nous parlons; cependant, on convient que c'est à la fin sur-tout qu'il paroît, et se fait sentir. Les oreilles, entraînées dans le reste par la continuité des paroles, comme par un torrent, ne sont en état de bien juger des sons, que lorsque le cours rapide du discours, s'arrêtant pour un moment, leur laisse une espèce d'entrepôt. Aussi, est-ce en cet endroit que l'admiration de l'auditeur, suspendue jusques-là par un plaisir enchanteur, éclate tout-à-coup par des cris et par des applaudissemens publics.

Le commencement demande aussi un soin particulier, parce que l'oreille, y donnant une attention toute nouvelle, en remarque aisément les défauts.

C'est donc sur le commencement et sur la fin de la période que doit principalement rouler l'examen qu'on en fera faire aux jeunes gens; et il ne faut pas manquer de les rendre attentifs à la merveilleuse variété que les bons auteurs ont répandue dans leurs nombres, pour éviter l'ennuieuse uniformité des mêmes cadences, qui lassent et rebutent l'auditeur.

Des figures.

On appelle figures de rhétoriques, certains tours et certaines façons de s'exprimer, qui s'éloignent, en quelque chose, de la manière commune et simple de parler, et qu'on emploie pour donner plus de grâce ou de force au discours : elles consistent ou dans les mots ou dans les pensées.

Figures de mots.

La *métaphore* est une figure qui, à la place

des mots propres qui manquent, ou ne sont pas assez énergiques, substitue des termes figurés qu'elle emprunte d'ailleurs par une espèce d'échange. Ainsi, les latins ont appellé *gemma* le bourgeon de la vigne, parce qu'ils n'avoient point de mot propre pour l'exprimer : ils ont dit, *incensus irâ*, *inflammatus furore*, au lieu de dire *iratus*, *furens*, pour mieux peindre l'effet des passions. Par où l'on voit que ce qui n'avoit d'abord été inventé que, par nécessité, à cause du défaut et de la disette de mots propres, a contribué depuis à la beauté et à l'ornement du discours : de même, à-peu-près, que les vêtemens ont été employés dans le commencement pour couvrir le corps, et le défendre contre le froid, et ont ensuite servi à l'embellir et à l'orner. Toute métaphore doit donc trouver vuide la place dont elle se saisit, ou du moins, si elle en chasse un mot propre, avoir plus de force que ce mot auquel elle est substituée.

Quand la métaphore est continuée, et qu'elle ne consiste pas en un seul mot, on l'appelle *allégorie*.

(*Fléchier*). « Souvenez-vous du commence-
» ment et des suites de la guerre, qui, n'étant
» d'abord qu'une étincelle, embrâse aujourd'hui
» toute l'Europe.

» Jamais il ne s'éleva sur son front serein aucun
» de ces nuages que forme le dégoût ou la dé-
» fiance.

» Ses vertus le firent connoître au public, et
» produisirent cette première fleur de réputa-
» tion, qui répand son odeur, plus agréable que
» les parfums, sur tout le reste d'une belle
» vie ».

Il faut, quand on emploie cette figure, avoir soin de demeurer toujours dans la même similitude, et ne pas sauter brusquement d'une image à une autre, ni, par exemple, après avoir commencé par la tempête, finir par l'incendie.

La *périphrase, ou circonlocution.* Cette figure est quelquefois absolument nécessaire, comme lorsque l'on parle de choses que la bienséance ne permet pas d'expliquer. Souvent elle n'est employée que pour l'ornement; et cela est assez ordinaire aux poëtes. Quelquefois on s'en sert pour exprimer plus noblement une chose, qui, sans cela, paroîtroit basse, ou pour couvrir ou adoucir la dureté de certaines propositions qui blesseroient, si elles étoient présentées nuement et simplement.

La *répétition* est une figure assez commune, à laquelle on donne différens noms, parce qu'il y en a de différentes sortes. Elle est fort propre à exprimer le caractère des passions vives et impétueuses, telles que sont, par exemple, la colère et la douleur, qui s'occupent fortement d'eux-mêmes, qui ne voient que cet objet, et qui, par cette raison, répètent souvent les termes qui le représentent. C'est ainsi que Virgile peint la douleur d'Orphée, après la mort d'Eurydice.

> Te, dulcis conjux : te solo in littore secum,
> Te veniente die, te decedente canebat.

Cette figure est excellente aussi pour insister fortement sur quelque preuve, sur quelque vérité. Pline l'ancien veut faire sentir la folie des hommes qui se donnent tant de peines pour s'assurer ici un établissement, et qui souvent arment leurs mains, les uns contre les autres, pour donner un peu plus d'étendue aux limites de leur pays. Après avoir représenté la terre entière comme un petit point presque invisible, en comparaison de tout l'univers; «voilà, dit-il, où nous cherchons à nous établir et à nous enrichir : voilà où nous voulons être les maîtres de dominer : voilà ce qui agite le genre humain par de si violentes secousses : voilà ce qui est l'objet de notre ambition, la matière de nos disputes, la cause de tant de guerres sanglantes, même entre des citoyens et des frères». Toute la vivacité de cet endroit consiste dans la répétition qui semble, à chaque membre, montrer ce petit point de terre pour lequel les hommes se donnent tant de tourmens, jusqu'à s'entrebattre et s'entretuer pour y avoir quelque petite part ; et encore, que leur en reste-t-il, après leur mort, qu'ils puissent occuper ?

Je puise dans Racine un autre exemple :

> Quel carnage de toutes parts !
> On égorge, à la fois, les enfans, les vieillards ;
> Et la sœur et le frère ;
> Et la fille et la mère :
> Le fils dans les bras de son père.

Retrancher de cet endroit la répétition, c'est en effacer toute la beauté, et en affoiblir toute la force.

Antithèse. Les antithèses bien ménagées, dit le père Bouhours, plaisent infiniment dans les ouvrages d'esprit ; elles y font à-peu-près le même effet que, dans la peinture, les ombres et les jours qu'un bon peintre à l'art de dispenser à propos ; ou, dans la musique, les voix hautes et les voix basses qu'un habile maître sait mêler ensemble.

Il y a d'autres figures qui consistent principalement dans un certain arrangement et un rapport de paroles, qui, placées avec art et justesse, et comme avec symmétrie dans un certain ordre, se répondent mutuellement les unes aux autres, et par cette espèce de concert étudié et mesuré, flattent agréablement l'oreille et l'esprit.

(*Fléchier*). « Un homme grand dans l'adversité » par son courage, dans la prospérité par sa » modestie, dans les difficultés par sa prudence, » dans les périls par sa valeur, dans la religion » par sa piété ».

» Il ne fit que changer de vertu, quand la » fortune changeoit de face ; heureux sans » orgueil, malheureux avec dignité.

(*Fontenelle*). « On imagine aisément, avec » quelle ardeur et quelle persévérance s'attache » à une étude un homme d'esprit, dont elle est » le plus grand plaisir ; et un homme de bien, » dont elle est devenue le devoir essentiel.

» Il avoit cette innocence et cette simplicité » de mœurs que l'on conserve ordinairement » quand on a moins de commerce avec les hommes » qu'avec les livres ; et il n'avoit point cette » rudesse, et une certaine fierté sauvage que » donne assez souvent le commerce des livres » sans celui des hommes ».

Toutes ces pensées sont fort belles et fort solides par elles-mêmes ; mais il faut avouer que le tour et la manière dont elles sont exprimées y ajoutent beaucoup de grâce. Pour le mieux sentir, il n'y auroit qu'à les réduire à une manière de parler simple et commune.

Quelqu'agréables, au reste, que soient les figures dont nous parlons, elles doivent-être employées rarement : parce que, plus l'art et l'étude s'y montrent, plus l'affectation se fait sentir et devient vicieuse. Enfin, il faut que la nature des choses qu'on traite, soit susceptible de ces sortes d'ornemens. Car, quand il s'agit, par exemple, de toucher et d'attendrir les auditeurs, de les effrayer par la vue des maux dont ils sont menacés, d'exciter en eux une juste indignation contre le crime, d'employer des supplications vives et empressées : un orateur ne se rendroit-il pas ridicule, s'il entreprenoit de le faire par des périodes mesurées, par des antithèses, et de pareilles figures qui ne sont propres qu'à éteindre le feu des passions, et à faire sentir la vanité d'un orateur occupé de lui seul et du soin de faire admirer son esprit, lorsqu'il ne devroit songer qu'à tirer les larmes des yeux de ses auditeurs, et à les remplir des sentimens de crainte, de colère, ou de douleur qu'il veut leur inspirer ?

Je ne dois pas finir cet article qui regarde les figures de mots, sans dire quelque chose de celles qui consistent dans une ressemblance affectée, et dans une espèce de jeux de mots. Le seul nom de Verrès, qui en latin signifie *un porc*, en fournit plusieurs.

Dans l'examen qu'avoit fait Cicéron des journaux d'un certain négociant de Sicile, il se trouva que les cinq dernières lettres de ce mot *Verrutius*, qui y revenoit souvent, étoient toujours effacées, et qu'il n'en restoit que les quatre premières lettres, *Verr*. C'étoit un nom supposé, sous lequel Verrès s'étoit caché pour exercer une criante usure. Cicéron produisit cette pièce dans le procès; *ut omnes mortales*, dit-il, *illius avaritiæ non jam vestigia, sed ipsa cubilia videre possint. Videtis Verrutium ? Videtis primas litteras.*

integras? Videtis extremam partem nominis, caudam illam Verris, tanquam in luto, demersam esse in liturâ? Peut-on condamner un tel jeu de mots, sur-tout dans une occasion où l'orateur croyoit avoir besoin d'égayer ses juges, et où il vouloit rendre Verrès ridicule et méprisable?

Quelquefois la ressemblance des mots, ou le simple changement de préposition, ou le même mot pris en différens sens, produit une sorte d'agrément qui n'est point à rejetter. Un ancien disoit d'un esclave qui voloit dans sa maison, qu'il n'y avoit rien de fermé pour lui; ce qui convient aussi à un fidèle serviteur, à qui l'on se fie pleinement.

Figures de pensées.

L'Interrogation, *l'Apostrophe*, *l'Exclamation*, sont des figures fort communes; mais qui peuvent servir infiniment à rendre le discours plus fort, plus vif, plus touchant.

Usque adeò ne mori miserum est? C'est de ce ton, que parle un jeune homme près d'aller au combat; au lieu qu'un vieillard malade et près de mourir, diroit froidement : *non est usque adeò miserum mori.*

Enée dans un récit remarque que si on avoit été attentif à certain événement, Troye n'auroit pas été prise :

Trojaque nunc stares, Priamique arx alta maneres.

L'Apostrophe fait sentir toute la tendresse d'un

bon citoyen pour sa patrie. Changez une lettre, *staret*, *maneret*, ce sentiment disparoît.

O fortuné séjour ! O champs aimés des cieux !
Que pour jamais, foulant vos prés délicieux,
Ne puis-je ici fixer ma course vagabonde,
Et connu de vous seuls, oublier tout le monde !

O rives du Jourdain ! O champs aimés des cieux !
Sacrés monts, fertiles vallées,
Par cent miracles signalés !
Du doux pays de nos ayeux
Serons-nous toujours exilés !

On voit par ces deux exemples tirés, le premier de Boileau, le second de Racine, combien *l'Apostrophe* répand de grâces et de douceur dans le discours.

La Prosopopée est une figure qui prête de l'action et du mouvement aux choses insensibles ; qui fait parler les personnes, soit absentes, soit présentes, les choses inanimées, et quelquefois même les morts.

Pline l'ancien donne un sentiment de joie à la terre, qui se voyoit autrefois cultivée par des laboureurs victorieux, et fendue avec un soc chargé de lauriers : *Gaudente terrâ vomere laureato, et triumphali aratore.* Ailleurs, il dit que les maisons où étoient disposées, par ordre, les statues des héros d'une antique famille, se sentoient encore de leurs triomphes après avoir changé de maîtres; et que les murailles reprochoient, à un lâche qui les habitoit, que tous les jours il entroit dans un lieu consacré par les monumens de la vertu et de la gloire d'autrui.

Cette figure acquièrt de la force encore, quand elle sert à l'orateur pour ouvrir les tombeaux, et en faire sortir et parler les morts; mais ces sortes de fictions, pour plaire, demandent, comme l'a observé Quintilien, d'être soutenues d'une grande éloquence. Car les choses extraordinaires, incroyables, et qui sont comme hors de la nature, n'ont point un effet médiocre. Il faut nécessairement, ou qu'elles fassent une forte impression, parce qu'elles vont au-delà du vrai; ou qu'elles soient regardées comme des puérilités, parce qu'elles sont fausses.

Des précautions oratoires.

Je donne ici ce nom à de certains ménagemens, que l'orateur doit prendre pour ne pas blesser la délicatesse de ceux devant qui ou de qui il parle; à des tours artificieux dont il se sert pour dire de certaines choses qui paroîtroient dures et choquantes. J'appelle tout cela *précautions oratoires*, parce qu'en tout cela il y a un art et une adresse, propres certainement à la rhétorique, qui méritent bien qu'on y rende les jeunes gens attentifs. Quelques exemples rendront la chose plus sensible.

Chrisogonus, affranchi de Sylla, avoit tant de crédit auprès de son maître, tout puissant alors dans la république, qu'aucun avocat n'osa plaider contre lui en faveur de Roscius. Cicéron, quoique jeune encore, eut seul le courage de se charger d'une cause si délicate. Il a grand soin, dans toute la suite de son plaidoyer, d'avertir, en plusieurs endroits, que Sylla n'avoit aucune connoissance de toutes les injustices de son affranchi; qu'on s'étoit fort appliqué à les lui cacher; qu'on avoit fermé tout accès auprès de lui, à ceux qui auroient pu lui en donner avis; qu'enfin il n'étoit pas étonnant que Sylla, chargé seul du soin de rétablir et de gouverner la république, eût ignoré ou négligé plusieurs choses, puisqu'il en échappoit beaucoup à la connoissance et à l'attention de Jupiter même dans le gouvernement de l'univers. On sent bien que de telles précautions étoient absolument nécessaires.

Il y a des occasions, où des raisons d'intérêt ou de bienséance ne nous permettent pas de nous expliquer en termes clairs et précis; et où cependant nous voulons faire entendre au juge ce que nous n'osons lui dire ouvertement. Un fils, par exemple, ne peut gagner son procès qu'en découvrant un crime dont son père s'est rendu coupable. Il faut, dit, Quintilien, que les choses mêmes conduisent insensiblement le juge à deviner ce qu'on ne veut pas lui dire; que, tout autre motif étant écarté, il soit comme forcé à voir l'unique qui reste, mais que le respect, pour un père, empêche de découvrir. Et pour lors il faut que le discours du fils, suspendu, entrecoupé, et interrompu de tems en tems, comme par un silence forcé, et par de vifs sentimens de tendresse, fasse connoître la violence qu'il se fait pour ne pas laisser échapper des paroles que la force de la vérité semble vouloir arracher de sa bouche. Par-là, le juge est forcé à chercher ce je ne sais quoi, qu'il ne croiroit peut-être pas si on le lui avoit découvert; mais dont il est pleinement convaincu, parce qu'il croit l'avoir trouvé de lui-même.

L'endroit de la harangue de Cicéron, pour Ligarius, où l'on examine ce qu'il falloit penser du parti de Pompée, demandoit d'être traité avec une extrême délicatesse. Tubéron avoit taxé de crime la conduite de ceux qui avoient porté les armes contre César. Cicéron relève et condamne la dureté de cette expression; et après avoir rapporté les différens noms qu'on donnoit à la démarche de ceux qui s'étoient déclarés pour Pompée: erreur, crainte, cupidité, passion, prévention, entêtement, témérité. « Pour moi, dit-» il, si l'on me demande quel est le propre et » véritable nom que l'on doit donner à notre » malheur, il me semble que c'est une fatale » influence qui a aveuglé les hommes, et les a » entraînés comme malgré eux; ensorte qu'on » ne doit pas s'étonner que la volonté insurmon-» table des Dieux l'ait emporté sur les conseils » des hommes ». Il n'y avoit rien dans cette définition d'injurieux pour le parti de Pompée, et loin de devoir choquer César, elle étoit très-flatteuse pour lui.

Nos Ecrivains, quand ils ont eu à parler des dernières guerres civiles qui troublèrent la France, semblent avoir eu en vue l'endroit de Cicéron que je viens de rapporter; mais ils ont bien enchéri sur leur modèle.

» Hélas! malheureuse France, dit Mascaron » dans l'oraison funèbre de Turenne, ne te res- » toit-il pas assez d'ennemis sans tourner tes » mains contre toi-même? Quelle fatale influence » te porte à répandre tant de sang?.... Que ne » peut-on effacer ces tristes années de la suite » de l'histoire, et les dérober à la connoissance » de nos neveux! Mais puisqu'il est impossible » de passer sur des choses que tant de sang ré- » pandu a trop vivement marquées, montrons-les » du moins avec l'artifice de ce peintre, qui, » pour cacher la difformité d'un visage, inventa » l'art du profil. Dérobons à notre vue ce défaut » de lumière, et cette nuit funeste qui, formée » dans la confusion des affaires publiques, par » tant de divers intérêts, fit égarer ceux même » qui cherchoient le bon chemin ».

Des Passions.

Les *passions* sont comme l'âme du discours; c'est ce qui lui donne une impétuosité et une véhémence qui emportent et entraînent tout.

Par-là

Par-là, l'orateur exerce sur les auditeurs un empire absolu, et leur inspire tels sentimens qu'il lui plaît; quelquefois, en profitant de la pente et de la disposition favorable qu'il trouve dans les esprits; mais d'autrefois en surmontant toute leur résistance par la force victorieuse du discours, et les obligeant de se rendre comme malgré eux. César ne put s'en défendre, lorsqu'il entendit le plaidoyer de Cicéron en faveur de Ligarius, quoiqu'il se tînt fort sur ses gardes contre son éloquence, étant sorti de chez lui très-déterminé à ne point pardonner à ce dernier.

Le plus important de tous les préceptes, sur ce sujet, c'est que pour toucher les autres, il faut être touché soi-même; et, pour l'être, il faut se bien pénétrer du sujet que l'on traite, en être pleinement convaincu, en sentir toute la vérité et toute l'importance.

Un athénien vint trouver Démosthène, et le pria de vouloir plaider pour lui contre un citoyen de qui il disoit avoir été fort outragé. Comme il racontoit ce prétendu mauvais traitement d'un ton tranquille et froid, sans s'émouvoir, sans s'échauffer : il n'est rien de tout cela, dit Démosthène, vous n'avez point été maltraité comme vous le dites. Comment, répliqua l'autre, en haussant la voix, et paroissant tout ému : je n'ai point été maltraité? Je n'ai point été outragé? A ce ton, Démosthène reconnut la vérité, et se chargea de la cause. Cicéron rapporte quelque chose de pareil d'un orateur nommé Callidius, contre qui il plaidoit. Quoi, lui dit-il, s'il étoit vrai qu'on en eût voulu à votre vie, comme vous le prétendez, auriez vous parlé, d'un tel attentat, avec cet air de langueur et de nonchalance, qui, bien loin de remuer vos auditeurs, n'étoit propre qu'à les endormir? Est-ce là le langage de la douleur et de l'indignation, qui mettent dans la bouche des enfans mêmes des plaintes vives et animées? Ces deux exemples nous montrent qu'il faut être touché soi-même, si l'on veut toucher les autres. *Si vis me flere, dolendum est primum ipse tibi.*

La péroraison, à proprement parler, est le lieu des passions. C'est-là que l'orateur, pour achever d'abattre les esprits, et pour enlever leur consentement, déploye sans ménagement, selon l'importance et la nature des affaires, tout ce que l'éloquence a de plus fort, de plus tendre, et de plus affectueux. Quelquefois il n'attend pas à la fin du discours pour exciter ainsi les mouvemens. Il les place après chaque récit, quand la cause en a plusieurs, ou après chaque partie du récit quand il est trop long; ou, enfin, après la preuve de chaque fait; et c'est ce qu'on qu'on appelle amplification. Il employe aussi les mouvemens dans les autres parties du discours, mais d'une manière plus courte, et avec beaucoup plus de retenue et de réserve.

Une espèce de hazard fournit sur-le-champ à

Crassus un trait d'éloquence très-vif et très véhément. Cicéron nous l'a conservé dans le second livre de l'Orateur. Pendant qu'il plaidoit contre Brutus, le convoi d'une dame romaine, parente de ce dernier, passa dans la place publique où l'on sait qu'étoit le Barreau. Alors, interrompant son discours : « Quelle nouvelle voulez-vous, » dit-il à Brutus, que cette morte aille porter » à votre père ? Que souhaitez-vous qu'elle dise » à ces illustres romains dont on porte ici les » images, à vos ancêtres, à ce Brutus qui délivra » le peuple de la domination des rois ? A quoi » leur dira-t-elle que vous vous occupez ? De » quelle belle action, de quelle vertu, de quelle » sorte de gloire leur apprendra-t-elle que vous » vous piquez ? » Et après avoir fait un long dénombrement de tous ses défauts; « Pouvez-« vous encore après cela, continua-t-il, soutenir » la lumière du jour, vous montrer dans cette » ville, vous présenter devant vos concitoyens ? » La vue même de cette morte et de ces images, » qui semblent vous reprocher tous vos déréglemens, ne doit-elle pas vous remplir de crainte » et d'horreur ? »

Quelquefois ce n'est qu'un trait et un sentiment jetté dans le discours qui produit cet effet. Cicéron dans le court récit qu'il fait en parlant pour Ligarius, pouvoit, selon la remarque de Quintilien, se contenter de dire : *tum Ligarius nullo se implicari negotio passus est*. Mais il y joint une image qui rend ce récit et plus vraisemblable et plus touchant. *Tum Ligarius domum spectans, et ad suos redire cupiens nullo se implicari negotio passus est.*

Virgile, en moins d'un vers, décrit d'une manière fort tendre, la mort d'un jeune homme qui avoit quitté Argos, lieu de sa naissance :

Et dulces moriens reminiscitur Argos.

Ce tendre regard d'un jeune homme mourant vers sa patrie qu'il ne reverra plus, et ce triste souvenir de ce qu'il avoit de plus doux et de plus cher au monde, forment, en trois mots, un tableau parfait : *dulces..... reminiscitur..... moriens.*

Ces endroits sont fort touchans, parce que les images qu'ils expriment réveillent un sentiment d'amour et de tendresse pour la patrie que chacun porte dans son cœur.

Outre cette première espèce de passions, plus fortes et plus véhémentes, il y en a une autre sorte qui consiste dans des sentimens plus doux, plus tendres, plus insinuans, qui n'en sont pas pour cela moins touchans ni moins vifs. Ces passions ont lieu entre des personnes liées ensemble par quelque union étroite, entre un père et des enfans, un tuteur et des pupilles, un bienfaiteur et ceux qui en ont reçu du bien. Elles consistent pour ceux qui sont supérieurs et qu'on a offensés, dans un certain caractère de douceur, de bonté, d'humanité, de patience, qui est sans fiel et sans aigreur, qui sait souffrir l'injure et l'oublier, et qui ne peut résister aux prières et aux larmes; et pour les autres, dans une facilité à reconnoître leurs fautes, à les avouer, à en marquer leur douleur, à se soumettre et à en donner toutes les satisfactions qu'on peut desirer. Tout cela doit se faire d'une manière simple et naturelle, sans étude et sans affectation; l'air, l'extérieur, le geste, le ton, le style, tout doit respirer je ne sais quoi de doux et de tendre, qui parte du cœur, et qui aille droit au cœur. Les mœurs de celui qui parle doivent se peindre dans son discours, sans qu'on y pense. On sent bien que, non-seulement pour l'éloquence, mais pour le commerce ordinaire de la vie, rien n'est plus aimable qu'un tel caractère; et l'on ne peut trop porter les jeunes gens à s'y rendre attentifs, à l'étudier et à

DE L'HISTOIRE.

Ce n'est pas sans raison que l'histoire a toujours été regardée comme la lumière des tems, la dépositaire des événemens, le témoin fidelle de la vérité, la source des bons conseils et de la prudence, la règle de la conduite et des mœurs. Sans elle, renfermés dans les bornes du siècle et du pays où nous vivons, resserrés dans le cercle étroit de nos connoissances particulières et de nos propres réflexions, nous demeurons toujours dans une espèce d'enfance, qui nous laisse étrangers à l'égard du reste de l'univers, et dans une profonde ignorance de tout ce qui nous a précédés, et de tout ce qui nous environne. Qu'est-ce que ce petit nombre d'années qui composent la vie la plus longue, qu'est-ce que l'étendue du pays que nous pouvons occuper ou parcourir sur la terre, sinon un point imperceptible à l'égard de ces vastes régions de l'univers, et de cette longue suite de siècles qui se sont succédés les uns aux autres depuis l'origine du monde? Cependant c'est à ce point imperceptible que se bornent nos connoissances, si nous n'appellons à notre secours l'étude de l'histoire, qui nous ouvre tous les siècles et tous les pays, qui nous fait entrer en commerce avec tout ce qu'il y a eu de plus grands hommes dans l'antiquité, qui nous met sous les yeux toutes leurs actions, toutes leurs entreprises, toutes leurs vertus, tous leurs défauts, et qui, par les sages réflexions qu'elle nous fournit, ou qu'elle nous donne lieu de faire, nous procure, en peu de tems, une prudence anticipée, fort supérieure aux leçons des plus habiles maîtres.

Ainsi l'histoire, quand elle est bien enseignée, devient une école de morale pour tous les hommes. Elle décrie les vices, elle démasque les fausses vertus, elle détrompe des erreurs et des préjugés, elle dissipe le prestige enchanteur des richesses et de tout ce vain éclat qui éblouit les hommes, et montre par mille exemples plus persuasifs que tous ces raisonnemens, qu'il n'y a de grand et de louable que l'honneur et la probité. De l'estime et de l'admiration que les plus corrompus ne peuvent refuser aux grandes et belles actions qu'elle leur présente, elle fait conclure que la vertu est donc le véritable bien de l'homme, et qu'elle seule le rend véritablement grand et estimable.

Mais pour me borner à ce qui regarde mon dessein, je regarde l'histoire comme le premier maître qu'il faut donner aux enfans, également propre à les amuser et à les instruire, à leur former l'esprit et le cœur, à leur enrichir la mémoire d'une foule de faits aussi agréables qu'utiles. Elle peut même beaucoup servir, par l'attrait du plaisir qui en est inséparable, à piquer la curiosité de cet âge avide d'apprendre, et à lui donner du gout pour l'étude. Plutarque nous apprend que le vieux Caton, ce célèbre censeur, dont le nom et la vertu ont tant fait d'honneur a la république romaine, et qui prit un soin particulier d'élever, par lui-même, son fils, sans vouloir s'en reposer sur le travail des maitres, composa exprès pour lui, et écrivit de sa propre main, en gros caractères, de belles histoires; afin, disoit-il, que cet enfant, dès le plus bas âge, fut en état, sans sortir de la maison paternelle, de faire connoissance avec les grands hommes de son pays, et de se former sur ces anciens modèles de probité et de vertu.

Il n'est pas nécessaire que je m'arrête plus long-tems à prouver l'utilité de l'histoire : c'est un point dont on convient généralement. L'important est de savoir ce qu'il faut observer pour rendre cette étude utile, et pour en tirer tout le fruit qu'on a droit d'en attendre. C'est ce que je vais essayer de faire.

DES RÈGLES ET DES PRINCIPES POUR L'ÉTUDE DE L'HISTOIRE.

Ordre et clarté.

UNE des choses qui peuvent le plus contribuer à mettre de l'ordre et de la clarté dans cette étude, est de distribuer tout le corps d'une histoire en certaines parties et certains intervalles qui présentent d'abord à l'esprit comme un plan général de toute cette histoire, qui en montrent les principaux évènemens, et qui en fassent connoître la suite et la durée. Ces divisions ne doivent pas être trop multipliées ; autrement elles pourroient causer de l'embarras et de l'obscurité.

Ainsi, tout le tems de l'histoire romaine, depuis Romulus jusqu'à Auguste, qui est de 723 ans, peut se diviser en cinq parties.

La première est sous les sept rois de Rome ; et elle dure 244 ans.

La seconde est depuis l'établissement des Consuls jusqu'à la prise de Rome, et elle dure 120 ans. Elle renferme l'établissement des Consuls, des Tribuns du peuple, des Décemvirs, des Tribuns militaires, avec la puissance de Consuls, le siège et la prise de Veïes.

La troisième est depuis la prise de Rome jusqu'à la première guerre Punique, et elle dure 124 ans. Elle renferme la prise de Rome par les Gaulois, la guerre contre les Samnites, et contre Pyrrhus.

La quatrième est depuis le commencement de la première guerre Punique jusqu'à la fin de la troisième, et elle dure 120 ans. Elle renferme la première et la seconde guerre Punique, les guerres contre Philippe, roi de Macédoine, contre Antiochus, roi d'Asie, contre Persée, dernier roi de Macédoine, contre les Numantins, en Espagne, et enfin, la dernière guerre Punique, terminée par la prise et la ruine de Carthage.

La cinquième est depuis la ruine de Carthage, jusqu'au changement de la république romaine, en monarchie, sous Auguste; et elle dure 115 ans. Elle renferme la guerre d'Achaïe, et la ruine de Corinthe. Les troubles domestiques excités par les Gracques: les guerres contre Jugurtha, contre les alliés, contre Mithridate, et les guerres civiles entre Marius et Sylla, entre César et Pompée, entre Antoine et le jeune César. Cette dernière guerre se termina par la bataille d'Actium, et par l'autorité souveraine du jeune César, surnommé depuis Auguste.

La chronologie contribue beaucoup à écarter, de l'étude de l'histoire, toute confusion. Quand j'en recommande l'usage, je suis bien éloigné de vouloir jetter les jeunes gens dans un examen de questions, difficiles et épineuses, dont cette matière est fort susceptible, et dont la discussion ne convient qu'aux Savans. Il suffit aux premiers d'avoir une idée nette et distincte, non de l'année précise de chaque fait particulier, ce qui iroit à l'infini, et causeroit un grand embarras; mais en gros et en général, du siècle où sont arrivés les événemens les plus considérables.

La géographie leur est aussi d'une nécessité absolue; et, faute de l'avoir apprise dans ces premières années, beaucoup de gens l'ignorent tout le reste de leur vie, et s'exposent à tomber, sur ce point, dans des bévues qui les rendent ridicules. Un quart d'heure, employé régulièrement tous les jours à cette étude, mettra les enfans en état d'en être parfaitement instruits. Après qu'on leur en aura expliqué les principes les plus généraux, il ne faudra jamais laisser passer aucune ville un peu considérable, ni aucune rivière, dont il sera parlé dans leurs auteurs, sans les leur faire voir dans les cartes géographiques. Il faut qu'ils sachent orienter chaque ville, c'est-à-dire, en marquer la situation, par rapport aux différens endroits dont il sera question. Ainsi, ils diront qu'Evreux est au couchant de Paris, Châlons-sur-Marne au levant, Amiens au nord, Orléans au midi. Ils suivront les rivières depuis leur source jusqu'à l'endroit où elles se jettent dans la mer, ou dans quelque fleuve, et marqueront les villes considérables qui se rencontrent sur leur passage. On peut, lorsqu'ils sont suffisamment instruits, les faire voyager sur la carte, ou même de vive voix, en leur demandant, par exemple, quelle route ils tiendroient pour aller de Paris à Constantinople. Pour rendre cette étude moins sèche et moins désagréable, il est bon d'y joindre de courtes histoires, qui servent à fixer davantage, dans l'esprit des enfans, l'idée des villes; et qui, en chemin faisant, leur apprennent mille choses curieuses.

Observer ce qui regarde les loix, les usages, les coutumes des peuples.

Ce n'est pas une chose indifférente, en étudiant l'histoire, que d'observer les divers usages des peuples, l'invention des arts, les différentes manières de vivre, de bâtir, de faire la guerre, de former ou de soutenir des sièges, de construire des vaisseaux, de naviguer; les cérémonies pour les mariages, pour les funérailles, pour les sacrifices; en un mot, tout ce qui regarde les coutumes et les antiquités.

Ce que j'ai marqué jusqu'ici n'est encore, pour ainsi dire, que le squelette de l'histoire; les observations suivantes en sont comme l'âme, et renferment ce qu'il y a de plus utile dans cette étude.

Chercher sur-tout la vérité.

Ce qui fait la qualité la plus essentielle, et le devoir le plus indispensable de l'historien, marque, en même-tems, ce qui doit faire la principale attention de celui qui s'applique à l'étude de l'histoire. Or, personne n'ignore que ce qu'on exige d'un Historien, avant toutes et sur toutes choses, est que, libre de toute passion et de toute prévention, il n'ait jamais la témérité de rien avancer de faux, et qu'il ait toujours le courage

courage de dire ce qui est vrai. Aussi, voit-on que les Historiens, pour mériter la créance du lecteur, commencent par faire profession d'une exacte et scrupuleuse sincérité, également exempte d'amour et de haine, d'espérance et de crainte, comme on le peut remarquer dans Salluste et dans Tacite.

Ce qu'on doit donc chercher dans l'histoire, préférablement à tout le reste, c'est la vérité. Les bons Ecrivains ont raison de la rendre plus aimable, en s'appliquant à l'orner et à la parer; et un habile maître ne manque pas de faire sentir toutes les grâces et toutes les beautés qui se rencontrent dans un historien : mais il ne souffre pas que les disciples se laissent éblouir par un vain éclat de paroles, qu'ils préfèrent des fleurs aux fruits, qu'ils soient moins attentifs à la vérité qu'à la parure, ni qu'ils fassent plus de cas de l'éloquence d'un Historien, que de son exactitude et de sa fidélité à rapporter les faits.

Cet amour pour la vérité, qu'on tachera de leur inspirer en tout, peut contribuer beaucoup à les garantir d'un mauvais goût, qui étoit autrefois si commun; je veux dire de la lecture des romans, et des histoires fabuleuses qui étouffent peu-à-peu l'amour et le goût du vrai, et rendent l'esprit incapable des lectures utiles et sérieuses, qui parlent plus à la raison qu'à l'imagination.

S'appliquer à découvrir les causes des événemens.

POLYBE, qui manioit la plume aussi habilement que l'épée, et qui n'étoit pas moins bon écrivain qu'excellent capitaine, marque, en plusieurs endroits de ses livres, que la meilleure manière de composer et d'étudier l'histoire, est de ne pas se borner au simple récit des faits, du gain ou de la perte d'une bataille, de l'aggrandissement ou de la chûte des empires; mais d'en approfondir les raisons, et d'en lier ensemble toutes les circonstances et les suites; de démêler, s'il se peut, dans chaque événement, les desseins secrets et les ressorts cachés; de remonter jusqu'à l'origine des choses, et aux préparations les plus éloignées; de bien discerner les causes véritables d'une guerre d'avec les prétextes spécieux dont on les couvre: et sur-tout d'être attentif à ce qui a décidé du succès d'une entreprise, du sort d'une bataille, de la ruine d'un état. Sans cela, dit-il, l'histoire fournit au lecteur un spectacle agréable, mais non une instruction utile: elle sert à contenter la curiosité dans le moment, mais elle n'est de nul usage dans la suite pour la conduite de la vie.

Polybe établit ensuite un principe fort utile pour l'étude de l'histoire, qui est qu'on doit y distinguer trois choses; les commencemens, les causes, les prétextes d'une guerre. Les commencemens sont les premières entreprises qui éclatent au-dehors, et qui sont les suites des résolutions formées en secret. Les causes sont les différentes dispositions des esprits, les mécontentemens particuliers, les injures qu'on a reçues, l'espérance de réussir. Les prétextes ne sont qu'un voile qui sert à cacher les véritables causes.

Il éclaircit ce principe par des exemples. Croit-on, dit-il, que l'irruption d'Alexandre dans l'Asie, fut la première cause de la guerre contre les Perses? Il s'en faut bien que cela ne fut ainsi : et pour s'en convaincre, il ne faut que jetter les yeux sur les longs préparatifs qui avoient précédé cette irruption, laquelle fut le commencement et le signal, non la cause de la guerre. Deux grands événemens avoient fait conjecturer à Philippe que la puissance des Perses, autrefois si formidable, commençoit à pencher vers sa ruine : le retour glorieux et triomphant des dix mille grecs, sous la conduite de Xénophon, à travers les villes ennemies, sans qu'Artaxerxe victorieux eût osé s'opposer à la résolution hardie qu'ils formèrent, de traverser, en corps d'armée, tout son empire, pour retourner en leur pays; et la généreuse entreprise d'Agésilas, roi de Lacédémone, qui, avec une poignée de monde, porta la guerre et la terreur jusques dans le sein de l'Asie mineure, sans trouver aucun obstacle a ses desseins, et qui ne fut arrêté dans ses conquêtes que par les divisions de la Grèce. Philippe, comparant cette lâcheté et cette nonchalance des Perses, avec l'activité et le courage des Macédoniens, animé par l'espérance de la gloire, et des avantages qui devoient être le fruit certain de cette guerre, après avoir su, par une habileté incroyable, réunir, en sa faveur, tous les esprits et tous les suffrages de la Grèce, prit, pour prétexte de la guerre qu'il méditoit contre les Perses, les anciennes injures que les Grecs en avoient reçues, et travailla, avec un soin infatigable, aux préparatifs de la guerre, dont Alexandre son fils, qui succéda à ses desseins, aussi bien qu'à son royaume, profita sagement pour les mettre en exécution. La foiblesse et la nonchalance des Perses, furent donc la véritable cause de cette guerre. Leurs anciennes entreprises contre la Grèce, en furent le prétexte; et l'entrée d'Alexandre en Asie, en fut le commencement.

Denis d'Halicarnasse pose les mêmes principes que Polybe. Un homme d'esprit et de sens, dit-il, se contente-t-il de savoir que dans la guerre contre les Perses, les Athéniens et les Lacédémoniens remportèrent contre eux trois victoires, deux sur mer, et l'autre sur terre; et qu'avec une armée composée au plus de cent dix mille soldats, ils battirent celle du roi des Perses, qui traînoit après lui plus de trois cents mille hommes? Ne souhaite-t-il pas, outre cela, d'être instruit des endroits où ces batailles se donnèrent; des causes qui firent pencher la victoire du côté du petit nombre, et qui donnèrent lieu à un événement si surprenant ; du nom et du caractère des chefs qui se signalèrent de part et d'autre ; en un mot, de toutes les circonstances mémorables et de toutes les suites d'une action si importante ? Car, ajoute-t-il, c'est un grand plaisir pour un homme sensé et judicieux, qui lit une histoire écrite de cette sorte, d'être conduit comme par la main au début et au terme de chaque action, et aulieu de simple lecteur qu'il seroit, de devenir comme le témoin et le spectateur de tout ce qui lui est raconté.

Etudier le caractère des peuples et des grands hommes dont parle l'histoire.

Pour ce qui regarde le caractère des peuples, je ne puis rien faire de mieux que de renvoyer le lecteur aux remarques que Bossuet a faites sur ce sujet, dans la seconde partie de son discours sur l'histoire universelle. Cet ouvrage est admirable, je ne dis pas seulement par la beauté et la sublimité du style ; mais encore plus par la grandeur des choses mêmes, par la solidité des réflexions, par la profonde connoissance du cœur humain, et par cette vaste étendue qui embrasse tous les siècles et tous les empires. On y voit avec un plaisir infini passer, comme en revue, tous les peuples et toutes les nations du monde avec leurs bonnes et mauvaises qualités, avec leurs mœurs, leurs coutumes, leurs inclinations différentes: Egyptiens, Assyriens, Perses, Mèdes, Grecs, Romains. On y voit tous les royaumes du monde sortir comme de terre, s'élever peu-à-peu par des accroissemens insensibles, étendre ensuite de tous côtés leurs conquêtes, parvenir par différens moyens au faîte de la grandeur humaine, et par des révolutions subites, tomber tout-à-coup de cette élévation, et aller, pour ainsi-dire, se perdre et s'abymer dans le même néant d'où ils étoient sortis. Mais ce qui est bien plus digne d'attention, on y voit dans les mœurs mêmes des peuples, dans leurs caractères, dans leurs vertus et dans leurs vices, la cause de leur agrandissement et de leur chûte: on y apprend non-seulement à démêler ces ressorts secrets et cachés de la politique humaine, qui donnent le mouvement à toutes les actions et à toutes les entreprises; mais à y reconnoître par-tout un être souverain, qui veille et préside à tout, qui règle et conduit tous les événemens, qui dispose et décide en maître de tous les royaumes et de tous les empires du monde.

Ce que j'ai dit des peuples, on doit aussi l'entendre des grands hommes, des personnages célèbres, qui se sont distingués en bien ou en mal dans chaque nation; dont il faut s'appliquer avec soin à étudier le génie, le naturel, les vertus, les défauts, les qualités particulières et personnelles, en un mot un certain fond d'esprit et de conduite qui domine en eux, et qui les caractérise : car c'est là proprement les connoître. Autrement on n'en voit que la surface et le dehors : et ce n'est pas par l'habillement, ni même par le visage seul, qu'on discerne les hommes, et qu'on peut en juger.

Il ne faut pas croire non plus que ce soit principalement par les actions d'éclat qu'on les puisse connoître. Quand ils se donnent en spectacle au public, ils peuvent se contrefaire et se contraindre, en prenant, pour un tems, le visage et le masque qui convient au personnage qu'ils ont à soutenir. C'est dans le particulier, dans l'intérieur, dans le cabinet, dans le domestique, qu'ils se montrent tels qu'ils sont, sans déguisement et sans apprêt. C'est-là qu'ils agissent et qu'ils parlent d'après nature. Aussi, c'est surtout par ces endroits qu'il faut étudier les grands hommes, pour en porter un jugement certain : et c'est l'avantage inestimable qu'on trouve dans Plutarque, et par où l'on peut dire qu'il l'emporte infiniment sur tous les autres historiens. Dans les vies qu'il nous a laissées des grands hommes célèbres parmi les grecs et les romains, il descend dans un détail qui fait un plaisir infini. Il ne se contente pas de montrer le capitaine, le conquérant, le politique, le magistrat, l'orateur : il ouvre à ses lecteurs l'intérieur de la maison, ou plûtôt le fond du cœur de ceux dont il parle, et il leur y fait voir le père, le mari, le maître, l'ami. On croit vivre et s'entretenir avec eux, être de leurs parties et de leurs promenades, assister à leurs repas et à leurs conversations. Cicéron dit quelque part, qu'en marchant dans Athènes et dans les lieux circonvoisins, on ne pouvoit faire un pas sans rencontrer quelque ancien monument d'histoire, qui rappelloit dans l'esprit le souvenir des grands hommes qui y avoient autrefois vécu, et qui les rendoit en quelque sorte présens. Ici, c'étoit un jardin, où l'on s'imaginoit voir encore les traces de Platon qui s'y promenoit en traitant des plus graves matières de philosophie : là, c'étoit le lieu des assemblées publiques, où Eschine et Démosthènes sembloient encore plaider l'un contre l'autre : on croyoit en parcourant les bords de la mer, y entendre la voix de l'orateur grec qui apprenoit à vaincre le bruit tumultueux des assemblées en surmontant celui des flots. Il me semble que la lecture des vies de Plutarque produit un effet à-peu-près semblable, en nous rendant comme présens les grands hommes dont il parle, et en nous donnant de leurs mœurs et de leurs manières une idée aussi vive et aussi animée que si nous avions vécu et conversé avec eux.

Cette connoissance exacte du caractère des grands hommes, fait une partie essentielle de l'histoire; et c'est pour cela qu'ordinairement les bons historiens ont soin de donner un précis et une idée générale des bonnes et des mauvaises qualités de ceux qui ont eu le plus de part aux événemens dont ils entreprennent de faire le récit. Tels sont dans Salluste, les portraits de Catilina, de Marius, de Sylla : tels dans Tite-Live, ceux de Furius Camillus, d'Annibal, et de tant d'autres.

Observer dans l'histoire ce qui regarde les mœurs et la conduite de la vie.

Les observations dont j'ai parlé jusqu'ici ne sont pas les seules, ni les plus essentielles : celles qui regardent le réglement des mœurs, sont encore plus importantes. Ce qu'il y a, dit Tite-Live, dans la belle préface de son ouvrage, ce qu'il y a de plus avantageux dans la connoissance de l'histoire, c'est que l'on y peut envisager des exemples de toute espèce placés dans un grand jour. Vous y trouverez des modèles à suivre, tant pour votre conduite particulière, que pour l'administration des affaires publiques : vous y trouverez aussi des actions vicieuses dans le projet, funestes pour le succès, qui avertissent d'éviter d'en faire de semblables.

Il en est à-peu-près de l'étude de l'histoire comme des voyages. S'ils se bornent à parcourir beaucoup de villes, à examiner la beauté et la magnificence des édifices et des monumens publics, seront-ils d'un grand usage ? Rendront-ils quelqu'un plus sage, plus réglé, plus tempérant? Lui ôteront-ils ses préjugés et ses erreurs? Ils l'amuseront pour un tems, comme un enfant par la nouveauté et la variété des objets, qui lui causeront une stupide admiration. En user ainsi, ce n'est pas voyager; mais s'égarer, et perdre son tems et sa peine. Il est dit d'Ulysse qu'il parcourut beaucoup de villes; mais ce n'est qu'après qu'on a remarqué qu'il s'appliquoit à étudier les mœurs et le génie des peuples.

Qui mores hominum multorum vidit, et urbes.

Les anciens entreprenoient de longs voyages; mais c'étoit pour s'instruire, pour voir des hommes, pour profiter de leurs lumières.

Tel est l'usage que nous devons faire de l'histoire; nous avons besoin d'instructions et de modèles pour embrasser la vertu malgré tous les périls et tous les obstacles dont elle est environnée. L'histoire nous en fournit de toutes sortes; c'est-là qu'on puise des sentimens de probité et d'honneur. Il faut donc, en l'enseignant aux jeunes gens, être fort attentif à leur en faire tirer un des principaux fruits, qui est le réglement des mœurs; y mêler, pour cela, de tems en tems de courtes réflexions; leur demander à eux-mêmes le jugement qu'ils forment des actions qui y sont rapportées; les accoutumer sur-tout à ne point se laisser éblouir par un vain éclat extérieur; mais à juger de tout, selon les principes de l'équité, de la vérité, de la justice; leur faire admirer la modestie, la frugalité, la générosité, le désintéressement, l'amour du bien public, qui régnoient dans les bons tems des républiques grecques, et de celle de Rome. Quand des jeunes gens sont ainsi formés, de bonne heure, et qu'ils sont accoutumés, dès le plus bas âge, par l'étude de l'histoire, à admirer les exemples de vertu, et à détester les vices, on peut espérer que ces premières semences porteront leur fruit dans le tems. Il faut, à cet effet, établir des principes et des règles pour leur apprendre à juger sainement des belles et des bonnes actions, à bien discerner en quoi consistent la solide gloire et la véritable grandeur. Sans ces règles, les jeunes gens peu précautionnés se livrent aux opinions reçues par le vulgaire. Ils regardent comme estimable ce qui paroît estimé de tous. Que n'y a-t-il donc point à craindre pour eux dans un tems où les vices sont passés en usage, et où la cupidité s'efforce d'éteindre tout sentiment d'honneur et de probité? L'histoire, bien enseignée, les garantira de ces dangers, et leur apprendra que ce qui rend l'homme véritablement grand et digne d'admiration, ce n'est point les richesses, la magnificence des bâtimens, la somptuosité des habits ou des meubles, le luxe de la table, l'éclat des dignités, la réputation, les actions brillantes, telles que les victoires et les conquêtes, ni même les qualités de l'esprit les plus estimables; mais que c'est par le cœur que l'homme est tout ce qu'il est, et que plus il aura un cœur véritablement grand et généreux, plus il aura de mépris pour tout ce qui semble grand au reste des hommes. Des exemples parleront bien mieux que les préceptes, et feront connoître en quoi consistent la solide gloire et la véritable grandeur.

DE

DE LA SOLIDE GLOIRE.

RICHESSES, PAUVRETÉ.

L'AMOUR des richesses, déjà trop naturel aux enfans, est nourri et fortifié en eux par tout ce qu'ils voient et par tout ce qu'ils entendent. L'or et l'argent sont l'unique objet de l'admiration des hommes, de leurs désirs, de leurs travaux. On les regarde comme ce qui fait toute la douceur et la gloire de la vie; et la pauvreté, au contraire, comme ce qui en fait la honte et le malheur.

Cependant, l'antiquité nous fournit un peuple entier qui se récrie contre de tels sentimens. Euripide avoit mis dans la bouche de Bellérophon un éloge magnifique des richesses, qu'il terminoit par cette pensée. « Les richesses sont le souverain bonheur du genre humain; et c'est avec raison qu'elles excitent l'admiration des dieux et des hommes ». Ces derniers vers révoltèrent tout le peuple d'Athènes. Il s'éleva d'une voix commune contre le poëte, et l'auroit chassé de la ville sur-le-champ, s'il n'avoit prié qu'on attendît la fin de la pièce, où le panégyriste des richesses périssoit misérablement. Mauvaise et et pitoyable excuse! L'impression que de telles maximes font sur l'imagination, étant vive et prompte, n'attend pas les remèdes lents que l'auteur croit y apporter dans la conclusion de la pièce.

Le peuple romain ne pensoit pas moins noblement. Son ambition étoit d'acquérir beaucoup de gloire, et peu de bien. Chacun cherchoit, dit un Historien, non à s'enrichir, mais à enrichir sa patrie; et ils aimoient mieux être pauvres dans une république riche, qu'être eux-mêmes riches pendant que la république seroit pauvre. On sait que c'est à l'école et dans le sein de la pauvreté, que furent formés les Camilles, les Fabrices, les Curius, et qu'il étoit ordinaire aux plus grands hommes de mourir sans laisser de quoi fournir aux dépenses de leurs funérailles, ni de quoi doter leurs filles. Ces grands hommes, persuadés que rien ne marque davantage de la petitesse et de la bassesse d'esprit que d'aimer les richesses, et que rien, au contraire, n'est plus grand ni plus généreux que de les mépriser, faisoient consister la plus sublime vertu à supporter avec noblesse la pauvreté, et à la regarder comme un avantage, et non comme un malheur. Selon eux, le second degré de la vertu consistoit à faire un bon usage des richesses, quand on en possédoit; et ils pensoient que l'emploi le plus conforme à leur destination, et le plus propre à attirer aux riches l'estime et l'amour des hommes, étoit de les faire servir au bien de la société. En un mot, ils comptoient ne posséder véritablement, que ce qu'ils avoient donné.

Cimon, général Athénien, ne croyoit avoir de grands biens que pour les communiquer à ses concitoyens, pour vêtir les uns, et pour soulager la misère des autres. Ce que Philopœmen gagnoit sur l'ennemi, il ne l'employoit qu'à fournir des chevaux ou des armes à ceux des citoyens qui en manquoient, et à payer la rançon des prisonniers de guerre. Aratus, général des Achéens, se fit universellement aimer, et sauva sa patrie, en appliquant les présens qu'il recevoit des rois, à calmer les divisions qui y régnoient, en acquittant les dettes des uns, en aidant les autres dans leurs besoins, et en rachetant les captifs.

Pour me contenter d'un seul exemple parmi les romains, Pline le jeune dépense des sommes considérables pour le service de ses amis. Il remet à l'un tout ce qu'il doit. Il acquitte les dettes qu'un autre avoit contractées pour de justes raisons. Il augmente la dot de la fille d'un autre, afin qu'elle puisse soutenir la dignité de celui qui la doit épouser. Pour gratifier un autre, il lui vend une terre au-dessous de sa valeur. Il donne à un autre de quoi retourner en son pays, pour y finir tranquillement ses jours. Il se rend facile dans les discussions de famille, et relâche volontiers de ses droits. Il gratifie sa nourrice d'une petite terre, qui suffit pour la faire subsister. Il fait présent à sa patrie d'une petite bibliothèque, avec un revenu suffisant pour l'entretenir. Il y fonde les gages des professeurs pour l'instruction de la jeunesse. Il y fait un établissement pour élever les orphelins et les enfans des pauvres, dont il reste encore quelques vestiges jusqu'à ce jour. Et il fait tout cela avec un bien médiocre ; mais sa frugalité étoit, comme il le déclare lui-même, un riche fonds, qui suppléoit à ce qui manquoit à son revenu, et qui fournissoit à toutes ces libéralités qui nous étonnent dans un particulier.

Qu'on demande aux jeunes gens ce qu'ils pensent d'un tel exemple, en leur faisant comparer ce noble et cet aimable usage des richesses, avec celui qu'en font ces hommes dénaturés, qui vivent comme s'ils n'étoient nés que pour eux seuls; qui n'estiment les biens que parce qu'ils servent d'instrumens à leurs passions, pour entretenir leur luxe, l'amour des délices, une vaine ostentation, une curiosité inquiette ; qui ne sont d'aucune ressource, ni pour leurs proches, ni pour leurs amis, ni pour leurs plus anciens et plus fidèles domestiques; et qui croient ne rien devoir ni au sang, ni à l'amitié, ni à la reconnoissance, ni au mérite, ni à l'humanité, ni même à la patrie.

M. de Turenne ayant pris le commandement de l'armée d'Allemagne, trouva les troupes en si mauvais état, qu'il vendit sa vaisselle d'argent pour habiller les soldats, et pour remonter la cavalerie; ce qu'il a fait plus d'une fois. Quoiqu'il n'eut que quarante mille livres de rente de sa maison, il ne voulut jamais accepter des sommes considérables que ses amis lui offroient, ni rien prendre à crédit chez les marchands, de peur, disoit-il, que s'il venoit à être tué, ils n'en perdissent une bonne partie.

Pendant qu'il commandoit en Allemagne, une ville neutre, qui crut que l'armée alloit de son côté, fit offrir à ce général cent mille écus pour l'engager à prendre une autre route, et pour le dédommager d'un jour ou deux de marche qu'il en pourroit coûter de plus à l'armée. *Je ne puis en conscience*, répondit M. de Turenne, *accepter cette somme, parce que je n'ai point eu intention de passer par cette ville.*

L'action du grand Scipion en Espagne, lorsqu'il ajouta à la dot d'une jeune princesse, qu'il avoit fait prisonnière, la rançon que ses parens avoient apportée pour la racheter, ne lui a guères fait moins d'honneur que ses plus fameuses conquêtes. Une action toute pareille du chevalier Bayard, ne mérite pas moins de louange. Quand Bresse fut prise d'assaut sur les Vénitiens, il avoit sauvé du pillage une maison où il s'étoit retiré pour se faire panser d'une blessure mortelle qu'il avoit reçue au siége, et avoit mis en sûreté la dame du logis, et ses deux jeunes filles qui y étoient cachées. A son départ, cette dame, pour lui marquer sa reconnoissance, lui offrit une boîte où il y avoit deux mille cinq cents ducats, qu'il refusa constamment; mais voyant que son refus l'affligeoit, d'une manière sensible, et ne voulant pas laisser son hôtesse mal contente de lui, il consentit à recevoir son présent; et ayant fait venir les deux jeunes filles pour leur dire adieu, il donne à chacune d'elles, mille ducats pour les aider à se marier, et laissa les cinq cents qui restoient, pour être distribués à des communautés qui auroient été pillées.

Mais pour mieux concevoir combien le désintéressement a de noblesse et de grandeur, considérons-le, non dans des généraux d'armée et des princes, dont la puissance semble peut-être relever l'éclat de cette vertu; mais dans des personnes obscures, à l'égard de qui rien ne peut exciter l'admiration que la vertu même. Un pauvre homme, qui étoit portier à Milan, chez un maître de pension, trouva un sac où il y avoit deux cents écus. Celui qui l'avoit perdu, averti, par une affiche publique, vint à la pension, et ayant donné de bonnes preuves que le sac lui appartenoit, le portier le lui remit. Plein de joie et de reconnoissance, il offrit à son bienfaiteur vingt écus, que celui-ci refusa absolument; il se réduisit donc à dix, puis à cinq. Mais le trouvant toujours inexorable, *je n'ai rien perdu*, dit-il, d'un ton colère, en jettant par terre son sac, *je n'ai rien perdu, si vous ne voulez rien recevoir.* Le portier reçut cinq écus, qu'il donna aussitôt aux pauvres.

Chacun sent bien, en lisant de telles histoires,

l'effet qu'elles produisent sur son cœur; c'est par elles qu'on inspire aux jeunes gens le mépris des richesses, et un généreux désintéressement.

BATIMENS.

Il est rare de juger sainement de ce qui brille au-dehors, et de ce qui frappe les yeux par un éclat extérieur. Il y a peu de personnes qui entendent parler des fameuses pyramides d'Egypte, sans être transportées d'admiration, et sans se récrier sur la grandeur et la magnificence des princes qui les bâtirent. Je ne sais si cette admiration est fondée, et si ces masses énormes de bâtimens, qui coûtèrent des sommes immenses, qui firent périr un nombre infini d'hommes employés à ces travaux, et qui n'étoient que pour la pompe et l'ostentation, sans être destinés à aucun usage solide; si, dis-je, de tels bâtimens méritent qu'on en parle avec tant d'éloges.

La vraie élévation ne consiste pas à désirer ou à faire ce qu'une imagination déréglée, ou une erreur populaire, représentent comme grand et magnifique. Elle ne consiste pas à tenter des choses difficiles par l'attrait même de la difficulté; elle ne se sent pas excitée par l'idée du merveilleux, et par le plaisir de surmonter l'impossible, comme l'histoire l'a remarqué de Néron, à qui tout ce qui étoit sans apparence, se montroit sous l'idée de grandeur. *Erat incredibilium cupitor.*

Cicéron ne trouve d'ouvrages et de bâtimens véritablement dignes d'admiration, que ceux qui ont pour but l'utilité publique : des acqueducs, des murailles de villes, des citadelles, des arsenaux, des ports de mer. Tel étoit aussi le goût des romains, dès la fondation de leur empire. Ils visoient au grand, mais dans les choses d'utilité publique. Tite-Live remarque que sous Tarquin le superbe, on acheva un ouvrage pour faire écouler les eaux de la ville, et que l'on bâtit les fondemens du capitole avec une magnificence que les siécles postérieurs ont eu de la peine à égaler ; et aujourd'hui l'on admire encore la beauté et la solidité des grands chemins construits par les romains en différens endroits, et qui subsistent presque dans leur entier, depuis tant de siècles.

Il faut à-peu-près porter le même jugement par rapport aux bâtimens des particuliers. Cicéron, en examinant quelle doit être la maison d'un homme constitué en charge, et qui tient un rang distingué dans l'état, veut qu'on y cherche, avant tout, l'utilité et l'usage ; à quoi l'on peut ajouter une seconde vue, qui regarde la commodité et la dignité; mais il recommande surtout, d'y éviter une somptuosité et une magnificence, dont l'exemple ne manque jamais de devenir contagieux et funeste, chacun se piquant, dans ce genre non-seulement, d'atteindre, mais de surpasser les autres. Lucullus, dit Cicéron, a-t-il beaucoup d'imitateurs de ses excellentes qualités ? Mais combien n'en a-t-il point pour ce qui regarde la somptuosité des bâtimens ? On pourroit citer, de notre tems, beaucoup de familles qui ont été ou entièrement ruinées, ou notablement incommodées, par la fureur de bâtir, soit à la ville, soit à la campagne, des maisons magnifiques, qui absorbent le bien le plus liquide d'une famille, et passent bientôt à des étrangers, qui profitent de la folie des premiers maîtres. Et c'est ce qui doit porter les personnes chargées de l'éducation des jeunes gens, à les précautionner, de bonne heure, contre ce goût si commun et si dangereux.

Chez les anciens romains, ce n'étoit point la maison qui faisoit honneur au maître, mais le maître qui faisoit honneur à la maison. Une cabane chez eux devenoit aussi auguste qu'un temple, parce que la justice, la générosité, la probité, la bonne foi, l'honneur y habitoient; et peut-on appeller petite une maison, qui renfermoit tant et de si grandes vertus ?

Le goût pour la modestie des bâtimens et l'éloignement de toute somptuosité en ce genre, a passé de la république à l'empire, et des particuliers aux empereurs mêmes.

Trajan mettoit sa gloire à édifier peu, afin d'être plus en état d'entretenir les anciens édifices. Il ne faisoit point de cas de tout ce que l'on donne à l'ostentation et à la vanité. Il connoissoit, dit Pline, en quoi consistoit la véritable gloire d'un prince; il savoit que des statues, des arcs de triomphe, des bâtimens, sont sujets à périr par les flammes, par le tems, par les fantaisies d'un successeur; mais que celui qui méprise l'ambition, qui modère ses passions, qui donne des bornes à une puissance qui n'en a point, est loué de tout le monde durant sa vie, et encore plus après sa mort, lorsque personne n'est contraint de le louer.

L'événement fit voir qu'il avoit pensé juste. Alexandre sévère, ayant fait rétablir plusieurs ouvrages de Trajan, y fit mettre par-tout le nom de ce prince, sans souffrir qu'on y substituât le sien. Tous les grands empereurs ont eu la même modération; et l'on voit encore aujourd'hui qu'il y a beaucoup plus de médailles frappées à la gloire des princes qui ont réparé les édifices publics, et les monumens de leurs prédécesseurs, qu'à l'honneur de ceux qui en ont fondé de nouveaux.

Auguste, pendant près de 50 ans de règne, se contenta toujours d'un même appartement et des mêmes meubles.

Vespasien et Tite se firent un honneur et un plaisir de conserver, à la campagne, la petite habitation qui leur venoit de leurs pères, sans y faire aucun changement.

Ces maîtres du monde ne se trouvoient pas logés trop à l'étroit dans une maison qui n'avoit été bâtie que pour un simple particulier. On voit encore aujourd'hui les vestiges de la maison de campagne d'Adrien, qui ne passe pas la grandeur de nos maisons ordinaires, et qui n'égale point celle de plusieurs particuliers de nos jours.

Maintenant, des hommes qui n'ont d'autre mérite que leurs richesses, (et souvent puisées dans quelle source!) bâtissent à la ville et à la campagne de superbes palais. Malheur à quiconque se trouve près d'eux. Tôt ou tard la maison, la vigne, et l'héritage du voisin sont absorbés dans ces vastes bâtimens, et servent à aggrandir leurs jardins et leurs parcs.

AMEUBLEMENS, HABILLEMENS, ÉQUIPAGES.

RIEN de tout cela ne rend un homme plus grand ni plus estimable, parce que rien de tout cela ne fait partie de lui-même; mais est hors de lui, et lui est entièrement étranger. Cependant, voilà en quoi la plupart des hommes font consister leur grandeur. Ils se regardent comme confondus et incorporés avec tout ce qui les environne, ameublemens, habillemens, équipages; ils enflent et grossissent le plus qu'ils peuvent, par tout cet appareil, l'idée qu'ils se forment d'eux-mêmes. Par-là, ils s'estiment fort grands, et se flattent de paroître tels aux yeux des autres.

Mais pour juger sainement de leur grandeur, il faut les examiner en eux-mêmes, et mettre à l'écart, pour quelques momens, leur train et leur suite. On reconnoit pour lors qu'ils ne paroissoient grands et élevés, que parce qu'on les considéroit sur leur base. Quand ils sont réduits à eux seuls, à leur propre fonds, à leur juste mesure; ce vain phantôme disparoit. Ils sont riches et parés au-dehors, comme le sont les murailles de leurs appartemens : au-dedans, ce n'est souvent que petitesse, que bassesse, que pauvreté, que vuide affreux de tout mérite; et quelquefois même, cet éclat extérieur cache les plus grands crimes et les plus honteux désordres.

Dieu, dit quelque part Sénèque, ne pouvoit mieux décrier ni dégrader tous ces biens extérieurs, qui font l'objet de nos vœux, qu'en les accordant souvent, comme il fait, à des misérables et à des scélérats, et en les refusant pour l'ordinaire aux plus gens de bien. En effet, où ceux-ci en seroient-ils réduits, si l'on ne jugeoit des hommes que par le dehors? Et combien de fois le plus solide mérite a-t-il été méconnu et exposé même au mépris, parce qu'il étoit caché sous un vil habit, et sous un extérieur peu frappant?

Philopœmen, le plus grand homme de guerre qui de tout tems fut dans la grèce, qui illustra si fort la république des Achéens par son rare mérite, et que les romains mêmes ont appelé, par admiration, le dernier des Grecs; Philopœmen, dis-je, étoit, pour l'ordinaire, vêtu fort simplement

simplement, et marchoit assez souvent sans suite et sans train. Il arriva seul en cet état dans la maison d'un ami qui l'avoit invité à prendre un repas chez lui. La maîtresse du logis qui attendoit le général des Achéens, le prit pour un domestique, et le pria de vouloir bien l'aider à faire la cuisine, parce que son mari étoit absent. Philopœmen quitta sans façon son manteau, et se mit à fendre du bois. Le mari étant survenu dans cet instant, s'écria, dans la surprise que lui causa un tel spectacle : qu'est-ce donc, seigneur Philopœmen, et que veut dire ceci? C'est, répliqua-t-il, que je paye l'intérêt de ma mauvaise mine.

Cet exemple nous apprend qu'on ne doit pas juger des hommes par le dehors, comme on n'estime point un cheval par sa parure. Un rare mérite peut être caché sous un vil habit, comme un vêtement précieux peut couvrir de grands vices. Il nous montre en second lieu, qu'il faut plus de courage et de force d'esprit qu'on ne pense, pour se mettre au-dessus des opinions populaires, et pour ne point être touché d'une espèce de honte qu'il a plû au monde d'attacher à une manière de vivre simple, pauvre, frugale. Séneque, tout philosophe qu'il étoit, ou qu'il vouloit paroître, avoit conservé quelque chose de cette mauvaise honte ; et il en fait lui-même l'aveu au sujet d'un chariot de paysan dont il se servoit quelquefois pour aller à sa maison de campagne, mais qui le faisoit rougir, malgré lui, quand d'honnêtes gens le rencontroient sur le chemin dans cet équipage : preuve certaine, dit-il, qu'il n'étoit pas bien sincèrement convaincu de tout ce qu'il avoit dit et écrit sur les avantages d'une vie pauvre et frugale. Celui qui rougit d'un chariot de paysan, ajoute-t-il, fait donc cas d'un chariot magnifique : c'est avoir fait peu de progrès dans la vertu, que de n'oser se déclarer ouvertement pour la pauvreté et la frugalité, et d'être encore attentif à ce que diront les passans.

Agésilas, roi de Lacédémone, étoit en cela plus philosophe que Sénèque. L'éducation de Sparte l'avoit aguerri contre cette mauvaise honte. Pharnabase, gouverneur de l'une des provinces du roi de Perse, avoit souhaité traiter de la paix avec lui : l'entrevue se fit en pleine campagne. Le premier parut avec tout le faste et tout le luxe de la cour des perses. Il étoit vêtu d'une robe de pourpre, brodée d'or et d'argent. On étendit par terre de superbes tapis, et on y joignit de riches coussins pour s'asseoir dessus. Agésilas, vêtu tout simplement, n'y fit point tant de façon : il s'assit par terre sur le gazon. Le faste du Persan en rougit, et ne pouvant soutenir une telle comparaison, rendit hommage à la simplicité du Lacédémonien en l'imitant. C'est qu'un autre cortège, bien plus brillant que tout l'or et l'argent de Perse, environnoit Agésilas, et le rendoit respectable ; je veux dire son nom, sa réputation, ses victoires, et la terreur de ses armes qui faisoient trembler le roi de Perse, jusques sur son trône.

Les dames romaines prouvèrent aussi plus d'une fois leur généreux désintéressement : dans une première occasion, elles se dépouillèrent de tous leurs bijoux, pour mettre la république en état de s'acquitter d'un vœu qu'elle avoit fait à Apollon, et on leur accorda pour cela d'honorables distinctions : dans une autre, pour racheter Rome d'entre les mains des Gaulois, ce qui procura aux dames le droit et le privilége de pouvoir être louées publiquement après leur mort aussi bien que les hommes.

La fameuse Cornélie, fille du grand Scipion, et mère des Gracques, est connue de tout le monde. Il n'y avoit point à Rome de famille plus illustre, ni de maison plus riche que la sienne. Une dame de Campanie l'étant venue voir, et logeant chez elle, étala avec pompe tout ce qu'il y avait de plus à la mode et de plus grand prix pour la toilette de femmes ; or et argent, bijoux, diamans, bracelets, pendans d'oreille, et tout cet attirail que les anciens appelloient *mundum muliebrem*. Elle s'attendoit à en trouver encore davantage chez une personne de cette qualité, et demanda avec beaucoup d'empressement à voir sa toilette. Cornélie fit durer adroitement la conversation jusqu'au retour de ses enfans, qui étoient aux écoles publiques : et quand ils furent rentrés, « voila, » dit-elle, en les lui montrant, ma parure et » mes bijoux ». *Et hæc, inquit, ornamenta mea sunt.* Il ne faut que se demander à soi-même ce qu'on pense naturellement au sujet de ces deux dames, pour reconnoître combien la noble simplicité de l'une l'emporte au dessus de la vaine magnificence de l'autre. Quel mérite en effet, et quel esprit y a-t-il à amasser à force d'argent beaucoup de pierreries et de bijoux, à en tirer vanité, et à ne savoir parler d'autre chose ! et au contraire, quelle force d'esprit n'y a-t-il point sur-tout pour une dame de la plus haute qualité, de se mettre au dessus de ces bagatelles, de faire consister son honneur et sa gloire dans la bonne éducation de ses enfans, de n'épargner aucune dépense pour y réussir, et de montrer que la noblesse et la grandeur d'âme sont de tous les sexes !

DU LUXE DE LA TABLE

Il fut porté à Rome dans les derniers tems de la république à un excès qui paroît à peine croyable ; et tous les empereurs ont enchéri sur ce qui s'étoit pratiqué jusques là.

Lucullus, qui d'ailleurs avoit d'excellentes qualités, crut au retour de ses campagnes devoir substituer à la gloire des armes et des combats celle de la magnificence, et il tourna tout son esprit de ce côté là. Il emploia des sommes immenses pour ses bâtimens et pour ses jardins. Il fit encore de plus grandes dépenses pour sa table. Il vouloit que chaque jour elle fût servie avec la même somptuosité, n'y eût-il personne de dehors. Comme son maître d'hôtel s'excusoit un jour de la modicité d'un repas sur sur ce qu'il n'y avoit point de compagnie : » ne » savois-tu pas, lui dit-il, que Lucullus devoit » manger chez Lucullus »? Cicéron et Pompée ne pouvant croire ce qu'on disoit de la magnificence ordinaire de ses repas, voulurent un jour le surprendre, et s'assurer par eux-mêmes de ce qui en étoit. L'ayant rencontré dans la place publique, ils lui demandèrent à dîner, et ne souffrirent pas qu'il donnât pour cela aucun ordre à ses gens. Il se contenta donc d'ordonner qu'on les fit manger dans la sale d'Apollon. Le repas fut servi avec une promptitude et une opulence qui surprit et effraya les conviés. Ils ne savoient pas que *la sale d'Apollon* étoit le mot du guet, et signifioit que le festin devoit monter à cinquante mille drachmes, (*vingt cinq mille francs de notre monnoie*).

Si la bonne chère et le luxe de la table peuvent procurer quelque solide gloire, Lucullus étoit le plus grand homme de son tems; mais qui ne voit quelle petitesse d'esprit, et même quelle folie il y avoit à faire consister son honneur et sa réputation à persuader le public que tous les jours il faisoit pour lui seul des dépenses énormes et insensées?

Voici une autre espèce de folie. Une personne entrant dans la cuisine d'Antoine, fut surprise d'y voir huit sangliers qu'on faisoit rotir en même tems. Elle crut que le nombre des convives devoit être fort grand; ce n'en étoit point la raison. C'est que chez Antoine, pendant qu'il étoit à Alexandrie, il falloit que vers l'heure du souper il y eût toujours un repas magnifique à servir, afin qu'au moment qu'il plairoit au maître de la maison de se mettre à table, il trouvât les viandes les plus exquises cuites à propos.

Je ne parle point de ces dépenses poussées jusqu'à l'extravagance et la fureur : un plat composé de langues des oiseaux les plus rares qui fussent dans l'univers; plusieurs perles d'un prix infini fondues, et infusées dans une liqueur, pour avoir le plaisir d'avaler en un seul coup un million.

A ces monstres de faste et de luxe, qui déshonorent l'humanité, opposons la modestie et la frugalité d'un Caton, l'honneur de son siecle et de sa république : je parle de l'ancien, surnommé le censeur. Il se glorifioit de n'avoir jamais bu d'autre vin que celui de ses ouvriers et de ses domestiques, de n'avoir jamais porté de robe qui eût couté plus de cent drachmes d'argent, (*cinquante mille livres*). Il avoit appris, disoit-il, à vivre ainsi, par l'exemple du célèbre Curius, ce grand homme qui chassa Pyrrhus de l'italie, et qui remporta trois fois l'honneur du triomphe. La maison qu'il avoit habitée dans le pays des Sabins, étoit voisine de celle de Caton, et par cette raison il le regardoit comme un modèle que le titre de voisinage devoit encore lui rendre plus respectable. C'est ce Curius que les ambassadeurs des Samnites trouvèrent dans une maison petitement et pauvrement bâtie, assis au coin de son feu où il faisait cuire des racines; et qui refusa dédaigneusement leurs présens, ajoutant que quiconque se pouvoit contenter d'un tel repas n'avoit pas besoin d'or.

Ces exemples, comme trop anciens, pourront faire peu d'impression sur la plupart des hommes de notre siècle: mais ils en faisoient une si profonde sur plusieurs des plus grands empereurs, que quoiqu'ils fussent au comble des richesses et de la puissance, qu'ils eussent à soutenir la majesté d'un vaste empire, et qu'ils eussent devant les yeux les profusions en tout genre de leurs prédécesseurs, ils croyoient ne pouvoir espérer à devenir véritablement grands, qu'autant que s'élevant au dessus de la corruption de leur siécle, ils se rapprocheroient de ces vénérables modèles de l'antiquité, formés sur ces régles de la raison la plus plus pure, et sur le goût le plus juste de la solide gloire.

Les Empereurs Vespasien, Nerva, Trajan, Antonin, Marc Aurele, Alexandre, Aurélien, conduits par le même goût, se sont toujours piqués d'avoir une table des plus frugales et des plus modestes, et en ont sévérement banni la somptuosité et les délicatesses de la bonne chère. La plupart même d'entr'eux se contentoient à l'armée des nourritures les plus communes qu'on donne aux soldats; et afin qu'ils n'en pussent douter, Alexandre faisoit tenir sa table ouverte pendant ses repas.

Ce que l'histoire rapporte de l'empereur Probe, sous qui l'Empire romain monta au comble de son bonheur, n'est pas moins digne d'admiration. Pendant la guerre qu'il fit aux Perses, comme il s'étoit assis à terre sur l'herbe pour y prendre son repas, qui n'étoit composé que d'un plat de pois cuits la veille, et de quelques morceaux de porc salé, on vint lui annoncer l'arrivée des ambassadeurs de Perse. Sans changer ni de posture, ni d'habit qui consistoit en une casaque de pourpre mais de laine, et en un bonnet qu'il portoit parcequ'il n'avoit pas un cheveu; il commanda qu'on les fit approcher, et il leur dit qu'il étoit l'empereur, et qu'ils pourroient dire à leur maître, que s'il ne pensoit à lui, il alloit rendre en un mois toutes les campagnes aussi nues d'arbres et de grains que sa tête l'étoit de cheveux; et en même tems il ota son bonnet pour leur faire comprendre ce qu'il leur disoit. Il les invita à prendre part à son repas, s'ils avoient besoin de manger ; sinon, qu'ils n'avoient qu'à se retirer à l'heure même. Les ambassadeurs firent leur rapport à leur prince, qui fut tout effrayé, aussi bien que ses soldats, d'avoir affaire à des gens si ennemis des délices et du luxe. Il vint lui-même trouver l'empereur, et accorda tout ce qu'on lui demandoit.

Dans le paralléle de tout ce que j'ai rapporté jusqu'ici sur le faste et sur la simplicité, où l'on voit d'un côté tout ce qu'il y a de plus brillant, les richesses, les superbes bâtimens, les meubles et les vêtemens les plus précieux, la table le plus somptueusement et le plus délicatement servie ; et où l'on n'apperçoit d'autre part que pauvreté, simplicité, frugalité, modestie, mais accompagnées de victoires, de triomphes, de consulats, de dictatures, de l'empire même du monde entier : je demande, en ne consultant que le bon sens et la droite raison, de quel côté on mettra le noble et le grand, et auquel des deux on croira devoir accorder son estime et son admiration. La délibération ne sera pas difficile, et c'est ce sentiment naturel, et non étudié, que je regarde comme la règle du bon goût sur la solide gloire et la véritable grandeur.

Il est bon aussi de fortifier ces instructions

puisées chez les anciens romains, par des exemples tirés de l'histoire moderne, et sur-tout des grands hommes dont la mémoire est encore récente. Qui n'a pas entendu parler de la simplicité et de la modestie du maréchal de Turenne dans son train et dans ses équipages. « Il se cache, » dit Flechier, dans son oraison funèbre; mais » sa réputation le découvre. Il marche sans suite » et sans équipages; mais chacun dans son esprit » le met sur un char de triomphe. On compte, » en le voyant, les ennemis qu'il a vaincus, mais » non pas les serviteurs qui le suivent. Tout seul » qu'il est, on se figure autour de lui ses vertus » et ses victoires qui l'accompagnent. Il y a je ne » sais quoi de noble dans cette honnête simplicité; et moins il est superbe, plus il devient » vénérable ». Il avoit le même caractère en tout; dans ses bâtimens, dans ses meubles, dans sa table. Catinat, digne disciple d'un tel maître, l'imita dans cette simplicité, comme dans ses vertus guerrières.

J'ai entendu dire à des officiers qui avoient servi sous ces deux grands hommes, qu'à l'armée leurs tables étoient servies proprement, mais simplement; qu'elles étoient abondantes, mais militaires; qu'on n'y mangeoit que des viandes communes, et qu'on n'y buvoit que du vin tel qu'il naissoit dans le pays où les troupes se trouvoient.

Le maréchal de la Ferté, que son grand âge

et ses infirmités avoient mis hors d'état de servir, avoit un fils, dont il faisoit préparer les équipages pour la campagne. Son maître d'hôtel, ayant fait par ordre du fils, une ample provision de truffes, de morilles, et de toutes les autres choses nécessaires pour faire d'excellens ragoûts, lui en apporta le mémoire. Le maréchal n'eut pas plûtôt vû de quoi il s'agissoit, qu'il jette le mémoire avec indignation, en disant : « Ce n'est pas ainsi que » nous avons fait la guerre; de la grosse viande, » apprêtée simplement, c'étoient là tous nos ra- » goûts. Dites à mon fils que je ne veux entrer » pour rien dans une dépense aussi folle que » celle-là, et aussi indigne d'un homme de » guerre ».

VICTOIRES.

S'IL y a quelque chose qui soit capable d'élever l'homme au dessus de l'homme même, et de lui donner une supériorité qui le distingue du reste des mortels, il semble que c'est la gloire qui revient des combats et des victoires. Un général qui marche à la tête d'une nombreuse armée, dont tous les yeux sont tournés vers lui; qui d'un seul signal fait remuer ce vaste corps dont il est l'âme, et met en mouvement cent mille bras; qui porte partout la terreur et l'effroi; qui voit tomber devant lui les plus forts remparts et les plus hautes tours; devant qui, en un mot, tout l'univers étonné et tremblant garde le silence : un tel homme paroît quelque chose de bien grand, et semble approcher beaucoup de la divinité.

Cependant, quand on examine de sang froid, sans préjugés, et avec des yeux éclairés par la raison, ces fameux héros, ces illustres conquérans, on trouve souvent que cet éclat si brillant des actions guerrières, n'est qu'un vain phantôme, qui peut imposer de loin; mais qui disparoît et s'évanouit à mesure qu'on s'en approche; et que toute cette prétendue gloire n'a souvent pour principe et pour fondement que l'ambition, l'avarice, l'injustice, la cruauté.

C'est ce que Sénèque remarque des plus grands guerriers, et de ceux qui ont eu le plus de part à l'admiration de tous les siècles. On trouve, dit-il, assez de héros qui ont porté au loin le fer et le feu, qui ont forcé des villes regardées avant eux comme imprenables, qui ont conquis et ravagé de vastes provinces; mais ces hommes, vainqueurs de tant de peuples, étoient eux-mêmes vaincus par leurs passions. Ils n'ont trouvé personne qui leur résistât; mais eux-mêmes n'avoient pu résister à l'ambition et la cruauté.

Peut-on appeller autrement que fureur ce mouvement impétueux qui poussoit Alexandre dans des pays éloignés et inconnus pour les ravager? Etoit-il sage d'enlever à chaque particulier, à chaque pays, ce qu'il avoit de plus cher et de plus précieux, et de porter par-tout la désolation, en commençant par la Grèce même, à laquelle il étoit redevable de son éducation ? Quelle rage de gloire, que celle pour qui le monde entier étoit trop petit! Il demandoit un jour à un pirate qu'il avoit pris, quel droit il croyoit avoir d'infester ainsi les mers : « Le même, ré- » pliqua le pirate avec une libre fierté, le même » que tu as de piller l'univers. Mais parce que » je le fais avec un petit navire, on m'appelle » brigand : et toi qui le fais avec une grande » flotte, on te donne le nom de conquérant ». Réponse très-spirituelle et encore plus véritable!

Qu'est-ce qui étouffa dans le cœur de César tous les sentimens de fidélité, de soumission, de justice, d'humanité et de reconnoissance qu'il devoit à sa république, qui l'avoit tiré de la foule des citoyens pour lui confier les plus grands commandemens, et pour lui prodiguer les dignités et les honneurs, sinon une ambition démesurée, et une illusion de fausse gloire, qui lui inspira un desir ardent de voir tous les autres au-dessous de lui; et qui lui fit dire, qu'il aimeroit mieux être le premier dans un village, que le second à Rome ? Quel autre motif le porta à tourner contre le sein de sa patrie, les armes mêmes qu'elle lui avoit mises à la main contre les ennemis de l'état, et d'employer toute la puissance et toute la grandeur qu'il ne tenoit que d'elle seule, pour la mettre aux fers, après l'avoir fait nager dans le sang de ses enfans ? Il pensoit, sans doute, comme disoit Civilis, chef des révoltés contre les romains, que tout est permis à un homme qui a les armes à la main, et qu'on ne rend point compte de la victoire.

Tout homme équitable et sensé qui lira attentivement et de suite toutes les vies des hommes illustres grecs et romains de Plutarque, s'il s'examine et s'interroge lui-même, sentira au fond de son cœur que ce n'est point à Alexandre ni à César qu'il donne la préférence sur tous les autres; qu'ils ne sont ni les plus grands ni les plus accomplis, ni ceux qui font le plus d'honneur à la nature humaine; et qu'il ne les juge pas les plus dignes de son estime, et de son amour.

D'ailleurs, la vertu guerrière laisse souvent des hommes, que des victoires ont rendu célèbres, très-foibles et très-médiocres dans d'autres tems, et par rapport à d'autres objets. Mêlés de bonnes et de mauvaises qualités, ils font effort pour paroître grands quand ils se donnent en spectacle; mais ils rentrent dans leur petitesse naturelle, dès qu'ils se négligent et qu'ils n'ont plus de témoins. On est étonné, quand on les voit seuls et sans armées, combien il y a de différence entre un général et un grand homme.

Pour porter sur ces fameux conquérans un jugement équitable et éclairé, il est nécessaire d'apprendre aux jeunes gens à séparer avec soin ce qu'ils ont d'estimable d'avec ce qui est digne de censure. En rendant justice à leur courage, à leur activité, à leur habileté dans les affaires, à leur prudence, il faut les plaindre d'avoir souvent ignoré l'usage qu'ils devoient faire de ces grandes qualités, et d'avoir employé au vice et à leurs passions des talens toujours estimables en eux-mêmes, mais qui n'auroient dû servir qu'à la vertu. Faute de distinguer des choses si différentes, il n'est que trop ordinaire de confondre leurs véritables motifs avec les prétextes, la fin secrète qu'ils se proposoient avec les moyens qu'ils employoient, leurs talens avec l'abus qu'ils en ont fait. Et par une erreur encore plus pernicieuse, en nous laissant trop éblouir par leurs belles actions, dont l'éclat couvre ce qu'elles ont de vicieux et d'injuste, nous leur accordons une estime entière, et nous accoutumons les personnes peu attentives, à mettre le vice à la place de la vertu, et à combler de louanges ce qui ne mérite que du blâme. Ce qui peut rendre les victoires glorieuses et dignes d'admiration, c'est la justice de la guerre, et la sagesse du conquérant. Car il faut poser pour principe, que la gloire ne peut jamais être séparée de la justice.

TALENS DE L'ESPRIT.

QUELQUE brillante que soit la gloire des armes il y a dans celle qui vient de la science et des talens de l'esprit quelque chose de plus intéressant.

Elle semble naître d'avantage de notre propre fonds, et nous appartenir toute entière. Elle n'est point bornée, comme celle des armes, à certains tems et à certaines occasions, et n'est point, comme elle, dépendante de mille secours étrangers. Elle donne a l'homme une supériorité infiniment plus flatteuse que celle qui naît des richesses, des dignités, parce que tout cela est hors de nous; aulieu que l'esprit est notre bien, ou plutôt qu'il est nous même, et constitue notre essence.

Cependant, ce n'est point l'esprit seul qui fait la solide gloire des hommes. Je le suppose excellent par lui même, et orné de ce qu'il y a de plus rare et de plus exquis dans les sciences, philosophie, mathématiquès, histoire, belles lettres, poésie, éloquence. Tout cela fait l'homme savant; mais non l'homme de bien. Et qu'est-ce que l'homme savant, s'il n'est que savant, sinon assez souvent un homme vain, entété, plein de lui-même et méprisant les autres?

Y a-t-il rien de plus pitoyable, et en même tems plus digne de mépris, qu'un tel homme, sottement enflé de sa science et de son habileté, avide et insatiable de louanges; qui ne se nourrit que de vent et de fumée, et qui ne songe à vivre que dans l'opinion des autres? Philippe, père d'Alexandre le grand, fit merveilleusement sentir le ridicule de ce défaut à un médecin nommé Ménécrate, qui avoit eu la vanité de prendre le surnom de *Jupiter Sauveur* à cause de quelques cures heureuses qu'il avoit faites, et qu'il attribuoit uniquement à son savoir. L'ayant invité à manger chez lui, il lui fit dresser une table à part, sur laquelle on ne servit qu'une cassolette fumante d'encens. Le médecin d'abord se crut fort honoré; mais comme on le laissa tout le reste du repas à jeûn, il sentit bien ce que signifioit la fumée de cet encens ; et après avoir servi de risée aux convives, il remporta du festin avec le titre de Jupiter, sa faim toute entière, et la juste honte qu'il avoit si bien méritée, en attribuant à sa seule habileté un succès qui lui venoit d'ailleurs.

Ce qu'il y a donc dans la science et dans les talens de l'esprit, de capable de faire honneur, n'est point la science même, ni les talens de l'esprit, mais le bon usage qu'on en fait ; et l'on peut dire que la modestie, plus que tout autre chose, en relève infiniment le prix et l'éclat. On aime à voir les grands hommes avouer qu'ils se sont trompés : un tel aveu suppose dans celui qui le fait, un fonds de mérite non commun, et une élévation d'âme, qui sent bien que ces pertes ne sont pas capables de lui faire tort ; aulieu qu'un petit esprit, qui ne peut se dissimuler sa pauvreté, n'a garde de rien hazarder ni de rien perdre volontairement du peu qu'il possède.

RÉPUTATION.

C'EST ici de tous les biens humains celui qui est regardé, même parmi les plus honnêtes gens, comme le plus cher et le plus précieux, et par rapport auquel l'indifférence, et encore plus le mépris, paroissent interdits. Que peut-on attendre en effet de quiconque est insensible au jugement que le public, et sur-tout les gens de bien portent de sa conduite? Ce n'est pas seulement, comme le dit Ciceron, l'effet d'une fierté et d'une arrogance insupportable, c'est encore la marque d'un homme sans probité et sans honneur.

Mais aussi un desir trop empressé de louanges, qui en est avide et affamé, et qui semble en quelque sorte les mendier, loin d'être la marque d'une grande ame, est la preuve la plus certaine d'un esprit vain et léger, qui se repaît de vent, et qui prend l'ombre pour la réalité.

Cependant, c'est là le foible de la plupart des hommes, et quelquefois même de ceux qui se distinguent par un mérite particulier, et ce qui les porte souvent à chercher la gloire où elle n'est pas.

Philippe de Macédoine n'avoit pas le goût fort délicat dans le choix des moyens qui peuvent attirer une solide réputation. Il ambitionnoit toute sorte de gloire, et en toute sorte de matière. Il tiroit vanité, comme un déclamateur, de la force de son éloquence Il comptoit les victoires que ses chariots remportoient aux jeux olympiques et il avoit grand soin de les faire graver sur ses monnoies. Il donnoit des leçons aux joueurs d'instrumens, et prétendoit reformer les maîtres: ce qui lui attira de l'un d'eux cette ingénieuse réponse qui, sans l'offenser, étoit fort capable de le désabuser: *à dieu ne plaise, Seigneur, que vous soyez jamais assez malheureux pour savoir ces choses là mieux que moi.* Il fit lui-même une pareille leçon à son fils pour avoir marqué dans un repas trop d'habileté dans la musique: *n'as-tu pas honte,* lui dit-il, *de chanter si bien?* en effet il y a des connoissances qui font le mérite d'un simple particulier, mais que ne doit qu'effleurer quiconque a d'autres soins plus importans, et doit son tems a des choses plus sérieuses.

Cicéron trouve une vanité pitoyable dans la secrette joie que ressentoit Démosthène de s'entendre louer en passant par une pauvre vendeuse d'herbes. Lui-même étoit encore plus sensible a la louange que l'orateur grec.

Il l'avoue de bonne foi dans une occasion, où il peint merveilleusement le cœur humain. Il revenoit de Sicile, où il avoit été questeur, dans la pensée qu'il n'étoit parlé que de lui dans toute l'Italie, et que partout il n'étoit fait mention que de sa questure. Passant à

Pouzzolle, où les bains attiroient beaucoup de monde; y a-t-il longtems, lui dit quelqu'un, que vous êtes parti de Rome? Quelle nouvelle y dit-on? Moi, dit-il, tout surpris, je reviens de ma province. Oui, reprit l'autre, je me rappelle, c'est d'Afrique. Point du tout, répliqua Cicéron, d'un ton de dépit et de colère, c'est de Sicile. Eh quoi, ajouta un troisième qui se prétendoit mieux informé que les autres, ne savez-vous pas qu'il a été questeur à Syracuse, et il n'en étoit rien; car il avoit été dans une autre partie de la Sicile. Cicéron confus et honteux ne trouva d'autre expédient pour se tirer d'affaire, que de se mêler dans la foule; et il ajoute que cette avanture lui fut plus utile que n'auroient été tous les complimens auxquels il s'étoit attendu.

Il ne paroît pourtant pas qu'il qu'il fût moins porté depuis à rechercher les louanges. Pour mieux comprendre combien il y a de petitesse et de foiblesse dans cette vanité, il ne faut qu'ouvrir les yeux, et considérer combien il y a de grandeur d'âme et de noblesse dans une conduite opposée; quelques traits choisis que j'en rapporterai, le feront mieux sentir.

Souffrir avec peine la louange et parler de soi-même avec modestie.

Cette vertu, qui semble jetter un voile sur

les plus belles actions, et qui n'est attentive qu'à les couvrir, sert malgré elle à les relever et à leur donner un lustre qui les rend plus éclatantes.

Niger, qui prit le titre d'empereur en Orient, refusa le panégyrique que l'on vouloit prononcer à sa louange, et il s'en rendit encore plus digne par les motifs de son refus. Faites, dit-il, le panégyrique des anciens capitaines, afin que ce qu'ils ont fait nous apprenne ce que nous devons faire. Car, c'est se mocquer de faire l'éloge d'un homme vivant, et surtout d'un prince : ce n'est pas le louer parcequ'il fait bien, mais c'est le flatter, afin d'en tirer quelque récompense. Pour moi, je veux être aimé durant ma vie, et loué après ma mort.

» Ceux, dit M. Nicole, dans ses essais de » morale, qui ont ouï parler de la guerre aux » deux premiers capitaines de ce siècle, (M. » le Prince et M. de Turenne) ont toujours » été ravis de la modestie de leurs discours. » Personne n'a jamais remarqué qu'il leur soit » échappé sur ce sujet la moindre parole qu'on » pût soupçonner de vanité. On les a toujours » vû rendre justice à tous les autres, et ne se » la rendre jamais à eux-mêmes; et l'on auroit » souvent cru, en leur entendant faire le récit » des batailles où ils avoient eu le plus de » part par leur conduite et par leur valeur, » qu'ils n'y étoient pas même présens, ou qu'ils

» y étoient demeurés sans rien faire. Ces gens » qu'on voit si occupés de quelques occasions » où ils se sont signalés, qu'ils en étourdissent » tout le monde, comme Cicéron faisoit de » son consulat, font voir par là que la vertu » ne leur est guères naturelle, et qu'il leur » a fallu de grands efforts pour guinder leurs » ames jusques à l'état où ils sont si aises de se » faire voir. Mais il y a bien plus de grandeur » à ne pas faire de réflexion sur les plus gran- » des actions, en sorte qu'il semble qu'elles » nous échappent, et qu'elles naissent si natu- » rellement de la disposition de notre âme, » qu'elle ne s'en apperçoit point ».

Contribuer de bon cœur à la réputation des autres.

Scipion l'africain, pour obtenir à son frère la conduite de l'importante guerre qu'on alloit faire contre Antiochus le grand, s'étoit engagé à servir sous lui comme un de ses lieutenans. Dans cette fonction subalterne, loin de songer à partager avec son frère l'honneur de la victoire, il se fit un devoir et un plaisir de lui en laisser la gloire toute pure et toute entière, et de se l'égaler à lui-même en tout par la défaite d'un ennemi non moins redoutable qu'Annibal, et par le titre d'asiatique, aussi glorieux que celui d'africain.

Marc Aurele, par une semblable délicatesse, et par un désintéressement de gloire aussi généreux, renonça au plaisir qu'il s'étoit fait de mener en Orient Lucile sa fille, qu'il donnoit en mariage à Lucius Verus, occupé pour lors à faire la guerre aux Parthes, de peur d'étouffer par sa présence, la réputation naissante de son gendre, et de paroître s'attirer, à son préjudice, l'honneur d'avoir achevé cette importante guerre.

Ce que Cicéron dit de l'union parfaite qui régnoit entre Hortensius et lui, et de l'attention mutuelle qu'ils avoient à s'entr'aider dans la noble carrière du barreau, à se communiquer réciproquement leurs lumières, et à se faire valoir l'un et l'autre, est un exemple bien rare parmi les personnes d'une même profession, et bien digne en effet d'être imité. Un historien remarque qu'Atticus, leur ami commun, étoit le nœud et le lien de cette union si intime, et que c'étoit lui qui faisoit que la vive émulation de gloire qui se trouvoit entre ces deux illustres orateurs, n'étoit point altérée par de bas sentimens d'envie et de jalousie.

J'ai toujours admiré la droiture et la candeur d'âme de Virgile qui ne craignit point, en produisant Horace à la cour de Mécène, de se donner un rival, qui pourroit disputer avec lui de la gloire du bel esprit, et sinon lui enlever entièrement, dumoins partager avec lui les faveurs et les bonnes grâces de leur commun protecteur.

Mais, dit Horace, on ne se conduisoit point ainsi chez Mécène. Jamais il n'y eut de maison plus éloignée de ces bas sentimens que la sienne, ni où l'on vécut d'une manière plus pure et plus noble. Le mérite et le crédit de l'un ne faisoient point ombrage à l'autre. Chacun avoit sa place, et en étoit content.

Sacrifier sa réputation à l'utilité publique.

Il y a des occasions où l'homme de bien, pour conserver sa vertu, est obligé de sacrifier sa réputation ; où pour ne pas renoncer à sa conscience, il faut qu'il renonce pour un tems à sa gloire ; et où il doit marcher d'un pied ferme où son devoir l'appelle, à travers les reproches et l'infamie, en méprisant courageusement le mépris qu'on fait de lui. Rien ne marque davantage qu'il tient à la vertu même, et que c'est elle seule qu'il cherche par un sacrifice si généreux et qui coûte tant.

Plutarque observe que Périclès, dans une occasion où tous les citoyens crioient contre lui, et condamnoient sa conduite, semblable à un habile pilote, qui dans la tempête, n'est attentif qu'aux règles de son art pour sauver le vaisseau, et qui méprise les pleurs, les cris, les prières de tout l'équipage ; que Périclès, dis-je, après avoir pris toutes ses précautions pour la sûreté de l'état, l'état, suivit son plan, se mettant peu en peine des murmures, des plaintes, des menaces, des chansons injurieuses, des railleries, des insultes, des accusations intentées contre lui.

C'étoient les salutaires conseils que le sage Fabius donnoit au consul Paul Emile, près de partir pour l'armée. Il l'exhortoit de mépriser les railleries et les reproches injustes de son collègue, de s'élever au-dessus des bruits qui pourroient flétrir sa réputation, et de négliger les efforts qu'on feroit pour le décrier et le deshonorer.

C'est le parti que Fabius lui-même avoit suivi dans la guerre contre Annibal, et qui sauva la république. Malgré l'insulte que Minutius lui avoit faite, la plus sensible que l'on puisse imaginer, il le tira des mains d'Annibal, mettant à l'écart son ressentiment et ne consultant que son zèle pour le bien public.

Ces exemples sont connus; mais ils n'ont presque plus d'imitateurs. On ne tient point à l'état par de véritables liens, et souvent on ne le sert que pour ses propres intérêts. Il en est peu qui parlent et qui pensent comme ce Lacédémonien qui, n'ayant point eu de place dans un nouveau conseil qui s'établissoit, dit qu'il étoit ravi qu'il se fût trouvé trois cents citoyens plus gens de bien que lui.

En quoi consistent la solide gloire et la véritable grandeur.

Tout ce qui est extérieur à l'homme, tout ce qui peut être commun aux bons et aux méchans ne le rend point estimable. C'est par le cœur qu'il faut juger de l'homme. De-là partent les grands desseins, les grandes actions, les grandes vertus. La solide grandeur, qui ne peut être égalée par l'orgueil, ni imitée par le faste, réside dans le fonds des qualités personnelles, et dans la noblesse des sentimens. Être bon, généreux, bienfaisant, ne faire cas des richesses que pour les distribuer, des dignités que pour servir sa patrie, de la puissance et du credit que pour être en état de réprimer le vice et de mettre en honneur la vertu; être véritablement homme de bien, sans chercher à le paroître; préférer le bien public à tout; lui sacrifier ses biens, son repos, sa vie, sa réputation même s'il le faut: voila ce qui rend l'homme grand et véritablement digne d'estime.

Séparez la probité des plus belles actions, des qualités les plus estimables; que deviennent-elles sinon un objet de mépris? L'excès du vin dans Alexandre, le meurtre de ses meilleurs amis, la soif insatiable de louanges, la vanité de vouloir passer pour le fils de Jupiter, quoiqu'il n'en crût rien: tout cela nous permet-il de regarder ce prince comme véritablement grand? Quand on voit Marius et après lui Sylla, faire couler à grands flots le sang des citoyens romains pour établir leur puissance, peut-on compter pour quelque chose leurs victoires et leurs triomphes?

Au contraire, quand nous entendons dire à l'empereur Titus cette parole devenue si célèbre; *mes amis, voilà une journée que j'ai perdue*, parce qu'il n'avoit fait de bien à personne; à un autre que l'on pressoit de signer un arrêt de mort: *Je voudrois ne savoir pas écrire.* Quand on voit cipion S, encore jeune, surmonter courageusement une passion qui dompte presque tous les hommes: quand on voit un tribun du peuple, ennemi déclaré de ce même Scipion, prendre hautement sa défense contre ceux qui l'accusoient injustement, et qui avoient conspiré sa perte: quand enfin nous lisons dans l'histoire quelques actions de libéralité, de générosité, de désintéressement, de clémence, d'oubli des injures, est-il en notre pouvoir de leur refuser notre estime et notre admiration, et ne nous sentons nous pas émus et attendris par leur simple récit?

Notre histoire nous fournit une infinité de belles paroles et de belles actions qui font bien connoître en quoi consistent la véritable grandeur et la solide gloire.

François premier, après la bataille de Pavie, écrivit à la régente sa mère une lettre qui ne contenoit que ce peu de mots : *madame, tout est perdu, hormis l'honneur.*

Au sujet des conditions honteuses qu'on exigeoit de lui pour le mettre en liberté, il chargea l'agent de l'empereur de mander à son maître la résolution où il étoit de passer plutôt toute sa vie en prison, que de rien démembrer de ses états, et d'ajouter que, quand il seroit assez lâche pour le faire, il étoit certain que les français n'y consentiroient jamais.

Tout le monde connoît la rare générosité qu'inspira aux habitans de Calais l'amour de la patrie, et la vue du bien public. La ville réduite par la famine à la dernière extrémité demandant à capituler, le roi d'Angleterre, irrité de longue résistance qu'elle avoit faite, ne voulut accorder de quartier qu'à une seule condition. » c'est, dit-il, qu'ils se partent de » la ville six des plus notables bourgeois, les » chefs tous nuds, et tous déchaussés, les hars » au col, et les clefs de la ville et du Chastel » en leurs mains, et de ceux je ferai en » ma volonté ». Quand on eût assemblé la ville, un des principaux bourgeois, nommé Eustache de Saint Pierre, prit la parole. Il parla avec un courage et une fermeté qui auroient fait honneur à ces anciens romains du tems de la République, et dit qu'il s'offroit à être la première victime pour le salut du reste du peuple; et que plutot que de voir périr tous ses compatriotes par le fer et par la faim, il vouloit être un des six qu'on livreroit à la vengeance du roi d'Angleterre. Cinq autres animés par ses discours et son exemple, se présentèrent avec lui. On les conduisit dans l'équipage qui avoit été prescrit, au milieu des cris confus et lamentables du peuple. Le roi d'Angleterre étoit prêt de les faire exécuter: mais la reine touchée de compassion, et fondant en larmes, se jetta à genoux aux pieds du roi, et obtint leur grace.

Lorsque le grand Condé commandoit en Flandre l'armée espagnole, et faisoit le siége d'une de nos places, un soldat ayant été maltraité par un officier général, et ayant reçu plusieurs coups de canne, répondit avec un grand sang froid qu'il sauroit bien l'en faire repentir. Quinze jours après, ce même officier général chargea le colonel de tranchée, de lui trouver dans son régiment un homme ferme et intrépide pour un coup de main dont il avoit grand besoin, avec promesse de cent pistoles de récompense. Le soldat en question, qui passoit pour le plus brave du régiment, se présenta; et ayant mené avec lui trente de ses camarades dont on lui avoit laissé le choix, il s'acquitta de sa commission avec un courage et un bonheur incroyables. A son retour, l'officier général, après l'avoir beaucoup loué, lui fit compter les cent pistoles promises. Le soldat sur-le-champ les distribua à ses camarades, disant qu'il ne servoit point pour de l'argent, et demanda seulement que, si l'action qu'il venoit de faire paroissoit mériter quelque recompense, on le fit officier. *Au reste*, ajouta-t il en s'adressant à l'officier général qui ne le reconnoissoit point, *je suis ce soldat que vous maltraitâtes si fort il y a quinze jours*, *et je vous avois bien dit que je vous en ferois repentir.* L'officier général, plein d'admiration, et attendri jusqu'aux larmes, l'embrassa, lui fit des excuses, et le nomma officier le même jour. Le grand Condé prenoit plaisir à rapporter ce fait, comme la plus belle action de soldat dont il eût jamais ouï parler.

Le même coup de canon qui tua M. de Turenne, avoit emporté un bras à M. de Saint Hilaire, lieutenant général de l'artillerie; son fils s'étant mis à pleurer et à crier: *taisez-vous mon enfant*, lui dit-il; et en lui montrant Turenne, étendu mort: *voilà celui qu'il faut pleurer.*

Je le répéte encore, quand on lit de telles actions, est il possible de résister à l'impression qu'elles font sur le cœur? C'est ce cri et ce témoignage d'une nature droite, saine, pure et non encore altérée par de mauvais principes et de mauvais exemples, qui doit faire la régle de nos jugemens, et qui est comme la base de la solide gloire et de la véritable grandeur dont je parle. Il ne faut que se rendre attentif à cette voix; la consulter en tout, et s'y conformer.

DE LA PHILOSOPHIE.

La philosophie sert principalement à régler les mœurs, à perfectionner la raison, et à orner l'esprit d'une infinité de connoissances également utiles et curieuses. C'est elle qui nous guérit des opinions et des préjugés populaires, nous détrompe de toutes les erreurs, en nous rapprochant des premiers principes, nous fait entendre que nous sommes nés pour la justice et la vertu, et nous montre, par des preuves sensibles, qu'il y a une intelligence suprême qui conduit tout et préside à tout. Le monde, dans toutes ses parties, annonce et décèle son auteur : mais, pour le plus grand nombre, c'est à des sourds et à des aveugles qui ont des oreilles sans entendre, et des yeux sans voir. La philosophie nous présente l'univers comme un grand tableau, dont chaque partie a son usage, chaque trait sa grace et sa beauté : mais dont le tout ensemble est encore plus merveilleux. En nous montrant un si beau spectacle, elle nous fait observer avec quel ordre, quelle symétrie, quelle proportion tout y est placé ; avec quelle égalité cet ordre général et particulier s'observe et se maintient : et par-là elle nous fait reconnoître l'être et la main invisible qui règlent tout.

On voit bien que je parle ici particulièrement de cette partie de la philosophie que l'on appelle *physique*, parce qu'elle s'applique à considérer la nature. Je l'examinerai sous deux faces. J'appellerai l'une, la physique des savans, et l'autre la physique des enfans. Celle-ci n'est attentive qu'aux objets mêmes et à ce qui frappe les sens, aulieu que la première en examine à fond la nature, et tâche d'en découvrir les causes.

PHISIQUE DES SAVANS.

La considération du monde, et des différentes parties qui le composent, a toujours fait l'étude des philosophes : et rien ne mérite plus notre attention. Il n'est pas possible de voir rouler continuellement sur nos têtes les cieux et les astres, sans être tenté d'en étudier les mouvemens, et d'observer l'ordre et la régularité qui y règnent. Trois systêmes principaux ont partagé les philosophes : Je les rapporterai en abrégé.

Systêmes du monde.

Le premier systême est de Ptolomée. J'y comprends ce que ses sectateurs y ont ajouté. Ce philosophe vivoit dans le second siècle, sous l'empire d'Adrien et de Marc-Aurèle Antonin.

Il plaçoit la terre au centre de l'univers. Selon lui, la Lune étoit de toutes les planettes la plus prochaine de la terre ; au-dessus de la Lune, étoient Mercure, Vénus, le Soleil, Mars,

Jupiter et Saturne : et au-dessus de toutes ces planettes, le firmament, dans lequel il supposoit toutes les étoiles attachées comme dans une voûte concentrique à la terre. Il supposoit en conséquence que le Soleil, toutes les planettes, et même les étoiles fixes, étoient emportées en vingt-quatre heures, d'Orient en Occident, autour de la terre, par un ciel qu'il plaçoit au-dessus du firmament, et qui ayant ce mouvement, le communiquoit à tous les cieux inférieurs, et conséquemment aux planettes qui étoient attachées à ces cieux.

Outre ce mouvement, commun à tous les astres, il en attribuoit un particulier au Soleil, aux planettes, aux étoiles fixes, d'Orient en Occident, mais de telles sorte que chacun de ces astres faisoit sa révolution autour de la Lune, en des tems différens. Ainsi, le Soleil employoit un an à faire cette révolution d'Occident en Orient, Saturne, trente ans, etc.

Copernic naquit vers la fin du quinzième siècle. Croyant que les apparences célestes ne pouvoient être bien expliquées dans l'hypothèse de Ptolomée, il en chercha une autre ; et après plus de trente ans de travail, il la donna enfin au public, pressé par les reproches et les sollicitations de ses amis. Cette hypothèse n'étoit pas entièrement inconnue aux anciens. En voici quelques [illegible].

Le Soleil est au centre des cercles que Mercure, Vénus, Mars, Jupiter et Saturne décrivent par leur mouvement propre d'Occident en Orient. La terre, selon lui, a des mouvemens semblables à ceux des planettes, lesquelles sont situées ainsi : Il place au-dessus du Soleil, mais à différentes distances, Mercure, Vénus, la Terre, Mars, Jupiter, Saturne ; et au-dessus de toutes ces planettes, les étoiles fixes qui sont à une distance si considérable de la terre, que trente millions de lieues comparées avec cette distance sont une grandeur insensible.

Au lieu de dire, comme Ptolomée, que tous les cieux, et conséquemment tous les astres, tournent en 24 heures autour de la terre d'Orient en Occident, il suppose que la terre tourne en 24 heures sur son axe d'Occident en Orient, et qu'en conséquence de ce mouvement tous les astres doivent paroître tourner en 24 heures d'Orient en Occident autour de la terre. De même pour expliquer le mouvement apparent du Soleil d'Occident en Orient qui est annuel, il suppose que la terre tourne en un an d'Occident en Orient autour du Soleil.

Il suppose aussi que la Lune tourne en 27 jours et demi autour de la terre, pendant que la terre tourne autour du Soleil.

Quant aux autres planettes, il suppose qu'elles tournent autour du Soleil dans un tems plus ou moins long, selon qu'elles en sont plus ou moins éloignées.

On a découvert des Lunes ou des Satellites autour de Jupiter et de Saturne, lesquelles tournent autour de ces planettes pendant que ces planettes sont emportées autour du Soleil, comme la Lune tourne autour de la terre.

Le troisième système est celui de Ticho-Brahé, philosophe né vers le milieu du seixième siècle.

Ce système, qui est à proprement parler un mélange des deux premiers, a eu peu de cours, et je ne crois pas nécessaire d'en rien rapporter ici: le plus suivi à présent est celui de Copernic; et il est fondé sur des principes qui le rendent bien plausible.

Ces systémes ne sont que de simples conjectures, parce que l'auteur seul de la nature peut en découvrir en termes clairs l'ordre et l'arrangement; mais cette étude, quoiqu'elle ne soit pas évidente en elle-méme, ne laisse pas de satisfaire extrêmement l'esprit.

Par le moyen des télescopes, ou lunettes d'approche, les astronomes modernes ont fait dans le ciel des découvertes qui, toutes certaines qu'elles sont, paroîtront toujours chimériques à la plupart des hommes.

Selon ces astronomes, Saturne est quatre mille fois plus gros que la terre, Jupiter huit mille fois, le Soleil un million de fois plus gros.

La distance de la terre et des planétes au Soleil n'est pas moins incroyable. Un boulet qui iroit de la terre au Soleil, et qui conserveroit toujours

jours sa première vitesse, employeroit 25 ans pour y arriver : et s'il partoit de Saturne, il n'y arriveroit que dans 250 ans. Or, un boulet de canon parcourt cent toises en une seconde. Supposé donc qu'il conservât toujours la même vîtesse avec laquelle il fait les cent premières toises depuis qu'il est sorti du canon, il feroit en une heure 180 lieues; et par conséquent, pour arriver de la terre au Soleil, il feroit trente-neuf millions quatre-cents vingt mille lieues, qui est, dans ces suppositions, la distance de la terre au Soleil. Il faut juger à proportion de la distance de Saturne au Soleil.

La grosseur des étoiles fixes, et leur éloignement du Soleil, sont encore plus inconcevables.

Chacune de ces étoiles fixes est un Soleil, et il y a lieu de croire qu'elles ne sont pas d'un moindre volume que celui qui nous éclaire. Celles de ces étoiles qui sont les plus proches de nous, sont cependant si éloignées du Soleil, qu'un boulet de canon, mû comme nous l'avons supposé, emploieroit plus de six cents mille ans pour parcourir les espaces qui sont entre ces étoiles et le Soleil.

Qu'est-ce qu'un homme, une ville, un empire, la terre même dans toute son étendue, par rapport à ces vastes corps, dont la grandeur immense passe notre imagination?

L'esprit se perd dans la divisibilité de la matière. Le sentiment le plus reçu est que, quelque division qui ait été faite de la matière, quelques petites que soient les parties, elles peuvent encore être divisées à l'infini. Rohault assure qu'un cube d'or de cinq lignes et un sept est divisé par des ouvriers en six cents cinquante et un mille cinq cens quatre vingt dix parties égales à la base. On connoît par les observations des physiciens qu'un pouce cubique de matière contient un million de particules visibles; qu'un pouce cubique d'eau raréfiée dans une éolipile produit plus de treize mille trois cents millions de particules: qu'il peut s'attacher à la pointe d'une aiguille plus de treize mille particules d'eau.

Je ne puis m'empêcher de transcrire ici un endroit admirable des pensées de Pascal qui a rapport au sujet que je traite.

» La première chose, dit-il, qui s'offre à » l'homme quand il se regarde, c'est son corps, » c'est-à-dire, une certaine portion de matière » qui lui est propre. Mais pour comprendre » ce qu'elle est, il faut qu'il la compare avec » tout ce qui est au dessus de lui, et tout ce » qui est au dessous, afin de reconnoître ses » justes bornes; qu'il ne s'arrête donc pas à » regarder simplement les objets qui l'environ- » nent; qu'il contemple la nature entière dans » sa haute et pleine majesté; qu'il considère » cette éclatante lumière, mise comme une lampe » éternelle pour éclairer l'univers. Que la

» terre lui paroissse comme un point auprès » du vaste tour que cet astre décrit. Et qu'il » s'étonne de ce que ce vaste tour lui-même » n'est qu'un point très délicat à l'égard de celui » que les astres qui roulent dans le firmament » embrassent ! Mais si notre vue s'arrête là, que » l'imagination passe outre. Elle se lassera plutôt » de concevoir que la nature de fournir. Tout » ce que nous voyons du monde n'est qu'un trait » imperceptible dans l'ample sein de la nature. » Nulle idée n'approche de l'étendue de ses » espaces. Nous avons beau enfler nos concep- » tions, nous n'enfantons que des atômes au » prix de la réalité des choses. C'est une sphère » infinie, dont le centre est partout, la circon- » férence nulle part ».

On voit par ce beau passage de Pascal combien l'étude de la nature peut fournir de solides réflexions ; et il en est ainsi de tout ce qui s'enseigne dans la physique.

N'est-ce pas une curiosité digne d'un homme d'esprit, d'examiner la nature, les causes, les effets du mouvement, la pesanteur de l'air, la cause des tremblemens de terre, des foudres et des tonnerres ?

Il n'est pas indifférent de connoître qu'elle est l'origine des fontaines et des riviéres. Plusieurs croient qu'elles viennent de la mer, qui se répand fort avant sous les terres, d'où elle s'élève par des canaux imperceptibles jusqu'à la surface de la terre. D'autres prétendent que la pluie et les neiges seules sont la cause des rivières et des fontaines. On a calculé, plusieurs années de suite, la quantité d'eau et de neige qui tombe en un an sur certain endroit déterminé de la surface de la terre, et en même tems ce qui coule d'eau en une année, par exemple dans la Seine ; et par ce calcul, on a reconnu que le tiers d'eau et de neige qui tombe sur la terre, est plus que suffisant pour fournir aux fontaines et aux rivières.

Tout le monde est témoin des éclipses du Soleil et de la Lune : il y a quelque honte d'en ignorer absolument la cause. On sait que les éclipses du Soleil n'arrivent que parce que la Lune, qui est un corps opaque, étant placée entre la terre et le Soleil, intercepte la lumière qui devroit venir du Soleil à la terre : et que celle de Lune n'arrive que parce que la terre, étant placée directement entre la Lune et le Soleil, empêche le Soleil d'éclairer la Lune. C'est pourquoi les éclipses du Soleil n'arrivent qne quand la Lune est nouvelle, et celles de Lune que quand elle est pleine ; ce qu'il y a de plus surprenant, c'est que les astronomes les prédisent avec tant de justesse, qu'une erreur de quelques minutes passe parmi eux pour une erreur considérable.

Est-il une matière qui mérite plus notre attention que le flux et le reflux de la mer ? Les philosophes ont presque toujours cru que la Lune en étoit la cause en comprimant l'air intermédiaire, et par son moyen, les eaux qui y répondent: mais le rapport qu'il y a entre le flux et le reflux de la mer et le mouvement de cette planette, n'avoit jamais été si bien connu que dans le dernier siècle. La Lune emploie douze heures vingt quatre minutes à passer de la partie supérieure de notre méridien à la partie inférieure, et vingt quatre heures quarante huit minutes à revenir à la partie supérieure de notre méridien. Il y a pareillement douze heures vingt quatre minutes entre la marée qui arrive le matin sur nos côtes, et celle qui y arrive le soir; et vingt quatre heures quarante huit minutes entre la marée qui arrive sur nos rivages au matin, et celle qui y arrive le lendemain au matin.

Il n'y a rien certainement de plus merveilleux que ce mouvement général et régulier de toutes les eaux du monde, plus sensible dans l'Océan, mais qui n'est pas absolument inconnu à la Méditérannée, sur-tout dans ses golphes. Est-il possible de ne pas reconnoître le doigt du maître de la nature, dans les bornes qu'il a marquées à la mer, et dans cet ordre qu'il semble avoir écrit sur le sable: il t'est permis de venir jusqu'ici; mais il t'est défendu de passer outre?

Peut-on raisonnablement laisser ignorer aux jeunes gens de telles merveilles? Quand on en a négligé l'étude dans ce tems, il est rare qu'on y revienne dans la suite. Aulieu de les négliger alors, il faudroit y préparer de loin les jeunes gens, en les leur montrant presque dès l'enfance, mais de la manière qui convient à cet âge. C'est de quoi il me reste à parler dans l'article suivant :

Physique des enfans.

J'appelle ainsi une étude de la nature qui ne demande presque que des yeux, et qui, par cette raison, est à la portée de toutes sortes de personnes, et même des enfans. Elle consiste à se rendre attentif aux objets que la nature nous présente, à les considérer avec soin, à en admir r les différentes beautés; mais sans en approfondir les causes secrettes, ce qui est du ressort de la physique des savans.

Je dis que les enfans même en sont capables: un jardin, une campagne, tout est un livre ouvert pour eux; mais il faut qu'ils ayent appris et qu'on les ait accoutumés à y lire. Rien n'est plus commun parmi nous que l'usage du pain et du linge; rien n'est plus rare que de trouver des enfans qui sachent comment l'un et l'autre se préparent, par combien de façons et de mains le bled et le chanvre doivent passer, avant que de devenir du pain et du linge. Il en faut dire autant des étoffes de laine, qui ne ressemblent guères à la toison des brebis dont on les forme ; non plus que le papier à ces chiffons de linge qu'on ramasse dans les rues. Pourquoi ne pas instruire les enfans de ces ouvrages merveilleux de la nature et de l'art, dont ils font usage tous les jours sans y faire réflexion ?

Je vais apporter quelques exemples qui feront mieux sentir, que tout ce que je pourrois dire, combien cette sorte d'exercice peut être utile : Ils serviront à montrer comment on doit étudier la nature dans tout ce qui se présente à nos yeux ; je me bornerai à ce qui regarde les plantes et les animaux.

PLANTES.

IL y a dans la plus méprisable en apparence, de quoi étonner les plus sublimes esprits, qui n'en s'auroient voir néanmoins que les organes les plus grossiers, et à qui tout le secret de la vie, de la nourriture, de la multiplication, demeure inconnu. Aucune feuille n'y est négligée : l'ordre et la symétrie y sont sensibles en tout, et cela avec une si prodigieuse fécondité de découpures, d'ornemens, de beautés, qu'aucune ne ressemble parfaitement à l'autre.

Y a-t-il rien de plus digne de notre admiration, que le choix que le créateur a fait de la couleur générale qui embellit toutes les plantes ? S'il eût teint en blanc ou en rouge toutes les campagnes, qui auroit pu en soutenir ou l'éclat ou la dureté? S'il les eût obscurcies par des couleurs plus sombres, qui auroit pu faire ses délices d'une vue si triste et si lugubre? Une agréable verdure tient le milieu entre ces deux extrémités, et elle a un tel rapport avec la stucture de l'œil, qu'elle le délasse, au lieu de le tendre; et qu'elle le soutient et le nourrit, au lieu de l'épuiser. Mais ce qu'on croyoit d'abord n'être qu'une couleur, est une diversité de peintures qui étonne. C'est du verd par-tout; mais ce n'est nulle part le même. Aucune plante n'est colorée comme une autre: et cette surprenante variété, qu'aucun art ne peut imiter, se diversifie encore dans chaque plante, qui est dans son origine, dans son progrès et dans sa maturité, d'une espèce de verd différent.

On en peut dire autant de la figure, de l'odeur, du goût et des usages des plantes, ou pour la nourriture, ou pour les remèdes.

FLEURS.

Je me transporte, par la pensée, dans une campagne fleurie, ou dans un jardin bien cultivé. Quel émail! quelles couleurs! quelles richesses! mais quelle harmonie et quelle douceur dans leur mélange, et dans les nuances qui les tempèrent! Quel tableau, et par quel maître! Avec quelle profusion ses ornemens sont-ils ré-

prodigués ! Quel est en lui-même le principe de tant d'éclat, et d'une parure si riche et si diversifiée !

Mais passons de cette vue générale à la considération de quelques fleurs en particulier ; et cueillons au hazard la première qui nous tombera sous la main, sans nous mettre en peine du choix.

Elle ne vient que d'éclore, et elle a encore toute sa fraîcheur, et tout son éclat. Y a-t-il parmi les hommes des teintures si vives, et en même-temps si douces ? L'art a-t-il pu inventer des étoffes aussi déliées et d'un tissu si uni et si délicat ? Approchez des feuilles que je tiens la pourpre la plus éclatante. Quel cilice grossier en comparaison ! quelle rudesse, quelle interruption dans le tissu, quelle différence dans le coloris !

On croiroit, à examiner la sagesse de Dieu et si j'ose le dire, sa complaisance dans une fleur si parfaite, qu'elle doit toujours durer. Mais du matin au soir elle sera flétrie. Le lendemain elle sera rôtie du soleil, et un autre jour on la coupera. Quel est donc l'aveuglement des hommes qui comptent la beauté, la jeunesse, l'autorité, la puissance pour des biens solides, sans se souvenir qu'elles ne sont que la fleur passagère d'une herbe qui ne sera plus le lendemain ?

FRUITS.

JUSQU'ICI nous n'avons regardé la terre que comme une prairie, ou comme un jardin potager. Maintenant elle se montre à nous comme un riche verger, rempli de toutes sortes de fruits, dont les uns succèdent aux autres selon les saisons.

Je considère l'un de ces arbres, portant ses branches courbées jusqu'en terre, sous le poids de fruits excellens, dont la couleur et l'odeur annoncent le gout, et dont l'abondance m'étonne. Il me semble que cet arbre me dit par cette pompe qu'il étale à mes yeux : apprenez de moi qu'elle est la bonté et la magnificence du Dieu qui m'a formé pour vous. Ce n'est ni pour lui ni pour moi que je suis si riche. Il n'a besoin de rien, et je ne saurois user de ce qu'il m'a donné. Bénissez-le, et déchargez moi. Rendez lui grâces, et puisqu'il m'a rendu le ministre de vos délices, devenez-le de ma reconnoissance.

A mesure que j'avance, je découvre de nouveaux sujets d'admiration : car à chaque pas c'est une espèce nouvelle. Ici le fruit est caché au-dedans : là c'est l'amande qui est intérieure, et une chair délicate brille au dehors des plus vives couleurs. Ce fruit est venu d'une fleur, comme presque tous : mais cet autre si délicieux n'est point précédé par la fleur, et il naît de l'écorce même du figuier. L'un commence l'été, l'autre le finit. Si l'on ne cueille promptement l'un, il tombe et se flétrit; si l'on n'attend l'autre, il n'aura jamais de maturité. L'un se garde long-tems, l'autre passe avec rapidité. L'un rafraîchit, l'autre fortifie. Tout est merveille dans les productions de la nature; mais le spectacle des animaux qui peuplent, ou la terre, ou les airs, ou les eaux, n'est pas moins admirable; essayons de l'examiner.

Poissons.

Quelle foule de poissons de toute grandeur les eaux enfantent! Je considère tous ces animaux, et je ne leur vois, ce me semble, qu'une tête et une queue. Ils sont sans pieds et sans bras. Leur tête même n'a point de mouvement libre, et si je n'étois attentif qu'à leur figure, je les croirois privés de tout ce qui est nécessaire à la conservation de leur vie. Mais avec si peu d'organes extérieurs, ils sont plus agiles, plus prompts, plus remplis d'artifices, que s'ils avoient plusieurs mains et plusieurs pieds: et l'usage qu'ils font de leurs nageoires les pousse comme des traits, et semble les faire voler.

Les poissons se dévorant les uns les autres, comment ce peuple aquatique peut-il subsister? Par la fécondité prodigieuse qui surpasse infiniment son ardeur mutuelle à se dévorer, de sorte que ce qui se détruit est toujours fort au dessous de ce qui sert à le renouveler.

Je suis seulement en peine comment les petits échapperont aux grands qui les regardent comme leur proie, et qui leur donnent continuellement la chasse. Mais ce peuple foible est plus prompt à la course. Il s'approche des lieux où l'eau basse ne convient pas aux grands poissons ; et il montre ainsi une prévoyance proportionnée à sa foiblesse et à ses dangers.

Pourquoi les meilleurs poissons, et les plus propres à l'usage de l'homme, s'approchent-ils des côtes pour s'offrir, ce semble, à lui, pendant que beaucoup d'autres qui lui sont inutiles affectent de s'éloigner ?

Pourquoi ceux qui se sont tenus dans des lieux inconnus pendant qu'ils se multiplioient, et qu'ils acquéroient une certaine grandeur, viennent-ils en foule dans un temps marqué inviter les pêcheurs, et se jetter d'eux-mêmes, pour ainsi dire, dans leurs filets et dans leurs barques ?

Pourquoi plusieurs d'entr'eux, et des meilleures espèces, s'empressent-ils d'entrer dans l'embouchure des fleuves, et les remontent-ils jusqu'à leur source, pour communiquer les avantages de la mer aux pays qui en sont éloignés ?

Pourquoi ces coquillages sans nombre qui bordent la mer cachent-ils des poissons de diverses espèces, qui avec une très petite apparence de vie ont soin d'ouvrir en des tems réglés leurs coquilles, d'en renouveller l'eau, et de prendre entre

entre leurs écailles promptement rejointes l'imprudente proie qui donne dans ce piége.

Partout on reconnoît la main d'un être suprême, et sa divine sagesse éclate jusques dans les plus petits de ses ouvrages.

OISEAUX.

ON voit dans plusieurs animaux une imitation de la raison qui étonne, mais elle ne paroît nulle part d'une manière plus sensible que dans l'industrie des oiseaux à faire leurs nids.

En premier lieu, quel maître leur a appris qu'ils en avoient besoin ? Qui a pris soin de les avertir de les préparer à tems, et de ne point se laisser prévenir par la nécessité ? Qui leur a dit comment il falloit les construire ? Quel mathématicien leur en a donné la figure ? Quel architecte leur a enseigné à choisir un lieu ferme, et à bâtir sur un fondement solide ? Quelle mère tendre leur a conseillé d'en couvrir le fond de matières molles et délicates, telles que le duvet et le coton ? Et lorsque ces matières manquent, qui leur a suggéré cette ingénieuse charité qui les porte à s'arracher avec le bec autant de plumes de l'estomac qu'il en faut pour préparer un berceau commode à leurs enfans ?

En second lieu, quelle sagesse a marqué à chaque espèce une manière particulière de construire les nids, où les mêmes précautions fussent observées, mais en mille façons différentes? Qui a commandé à l'hirondelle, la plus adroite de tous les oiseaux, de s'approcher de l'homme, et de choisir sa maison pour y édifier son nid à ses yeux, sans craindre de l'avoir pour témoin, et paroissant au contraire l'inviter à considérer son travail? Ce n'est point, comme les autres, avec de petites branchages et du foin, qu'elle bâtit. Elle emploie le ciment et le mortier, et d'une manière si solide qu'il faut une espèce d'effort, pour démolir son ouvrage. Elle n'a cependant pour tout instrument que le bec. Réduisez, s'il est possible, le plus habile architecte au petit volume de cette hirondelle : conservez lui toutes ses connaissances en ne lui laissant que le bec; et voyez s'il aura la même adresse et le même succès.

En troisième lieu, qui a fait comprendre à tous les oiseaux qu'ils devoient faire éclore leurs œufs en les couvant? que cette nécessité étoit indispensable; que le père et la mère ne pouvoient quitter en même-tems, et que si l'un alloit chercher de la nourriture, l'autre devoit attendre son retour? Qui leur a marqué dans le calendrier, le nombre précis des jours de cette rigoureuse assiduité? Qui les a avertis d'aider aux petits déjà formés à sortir de l'œuf, en rompant les premiers la coquille? et qui les a si exactement instruits du moment, qu'ils ne le préviennent jamais?

Enfin, qui a fait des leçons à tous les oiseaux sur le soin qu'ils devoient prendre de leurs petits, jusqu'à ce qu'ils fussent élevés, et en état de se servir eux-mêmes ? Qui leur a fait discerner entre tant de choses, dont les unes conviennent à une espèce, mais sont pernicieuses pour une autre ; et entre celles qui sont propres aux pères, mais qui feroient tort à leurs petits : qui leur a fait discerner celles qui sont salutaires ? Nous connoissons la tendresse des mères parmi les hommes, et la sollicitude des nourrices : mais je ne sais si l'on voit rien d'aussi parfait.

Qui a enseigné à plusieurs d'entre les oiseaux cette merveilleuse industrie, de retenir dans leur gorge ou l'aliment, ou l'eau, sans avaler ni l'un ni l'autre, et de les conserver pour leurs petits, à qui cette première préparation tient lieu de lait ?

Mais donnons des bornes aux observations sur les industries des oiseaux, car une telle matière est infinie ; et écoutons un moment le concert de leur musique. Tous les sons sont différens, mais tous harmonieux, et tous ensemble composent un cœur admirable. Une voix plus forte et plus moileuse se fait pourtant distinguer ; et je trouve, en cherchant de quelle part elle vient, que c'est un très-petit oiseau qui en est l'organe. Cela me fait considérer tous les autres qui savent le chant, et ils sont tous aussi petits ; les grands, ou ignorant la musique, ou ayant la voix discordante. Ainsi je trouve que ce qui paroît foible et petit, est mieux partagé.

Quelques-uns de ces petits ont une grande beauté, et rien n'est plus riche ni mieux diversifié que leur plumage. Mais il faut avouer que toute parure doit céder à celle du paon, sur qui l'auteur de la nature a versé, comme à pleines mains, toutes les richesses qui embellissent les autres, et auquel il a prodigué, avec l'or et l'azur, toutes les nuances de toutes les couleurs. Cet oiseau paroît sentir son avantage; et c'est, ce semble, pour étaler à nos yeux toutes ses beautés, qu'il fait cette pompeuse roue qui les met en évidence. Mais le plus magnifique de tous les oiseaux n'a qu'un cri désagréable; et il est une preuve, qu'avec un extérieur très-brillant, on peut n'avoir qu'un mauvais fonds, et beaucoup de vanité.

En examinant la plume des autres, je trouve une chose bien singulière dans celle des cignes, et des autres oiseaux de rivière; car elle est à l'épreuve de l'eau, où elle demeure toujours sèche; et nos yeux cependant n'en découvrent point l'artifice, ni la différence.

Je considère les pieds des mêmes oiseaux, et j'y vois des nageoires qui marquent distinctement leur destination. Mais je suis très-étonné de ce que ces oiseaux sont sûrs qu'ils ne risquent rien en se jettant à l'eau; au lieu que les autres, qui n'ont ni plumes ni pieds semblables, n'ont jamais la témérité de s'y exposer. Qui a dit aux premiers qu'ils ne courent aucun danger, et qui retient les autres, afin qu'ils n'imitent pas leur exemple ? On fait quelquefois couver des œufs de canne à une poule, qui est ensuite trompée par son affection, et qui prend pour sa famille naturelle des enfans étrangers, qui courent à l'eau au sortir de la coque, sans que leur prétendue mère puisse les en empêcher par ses avis. Elle demeure sur le bord, très étonnée de leur témérité, et plus encore de ce qu'elle leur réussit. Elle se sent violemment tentée de les suivre, elle en témoigne sa vive impatience : mais rien n'est capable de la porter à une indiscrétion que la nature lui a défendue.

Je ne finirois pas, si je m'attachois à considérer une foule de prodiges pareils : je me contente d'une dernière observation qui regarde les oiseaux de passage.

Ils ont tous leur tems marqué, et ils ne le passent point. Mais ce tems n'est pas le même pour chaque espèce. Les uns attendent l'hiver, les autres le printems, d'autres l'été, et d'autres l'automne. Il y a dans chaque peuple une police publique et générale, qui règle et qui tient dans le devoir tous les particuliers. Avant l'édit général, aucun ne pense à partir : depuis sa publication, aucun ne demeure. Une espèce de conseil décide du jour, et il accorde un intervalle pour s'y préparer : après quoi tout déloge, et il ne paroît le lendemain ni traîneurs, ni déserteurs, tant la discipline est exacte. Plusieurs ne connoissent que l'hirondelle qui fasse ainsi ; mais la chose est certaine pour beaucoup d'autres espèces. Et je demande, quand nous n'aurions que l'exemple de l'hirondelle, quelle nouvelle elle a reçue des pays où elle va en grande troupe, pour s'assurer qu'elle y trouvera toutes choses préparées. Je demande pourquoi elle ne s'attache pas, comme les autres oiseaux, au pays où elle a élevé sa famille. Je demande par quel esprit de voyager cette nouvelle famille, qui ne connoît que son pays natal, conspire toute entière à le quitter. Je demande en quel langage se publie l'ordonnance qui défend à tous, soit anciens, soit nouveaux citoyens de la république, de demeurer par delà un certain jour. Et enfin je demande à quels signes les principaux magistrats connoissent que ce seroit tout risquer, que de s'exposer à être prévenus par une saison rigoureuse ? Mais tous les ouvrages de la nature sont ainsi grands et merveilleux ; elle les a tous formés avec sagesse, et nous ne pouvons que les admirer.

ANIMAUX DE LA TERRE.

Il seroit trop long de les passer en revue. Je ne m'arrêterai qu'aux plus petits qui semblent faits pour piquer davantage notre curiosité.

Voyons l'abeille: au lieu de se contenter de

suçer le miel qui se conserve mieux dans le calice des fleurs que partout ailleurs, et de s'en nourrir jour par jour, elle en fait provision pour toute l'année, et principalement pour l'hiver. Elle charge les petits crochets dont ses jambes sont garnies de tout ce qu'elle peut emporter de cire et de gomme : mais en pompant le miel avec sa trompe qui est à l'extrémité de sa tête, elle évite d'engluer ses aîles, dont elle a besoin pour voltiger çà et là, et pour le retour.

Si l'on n'a pas pris soin de lui préparer une ruche, elle s'en fait une elle-même dans le creux de quelque arbre ou de quelque rocher. Là, son premier soin est d'apporter de la cire dont elle compose de petites cellules égales, et à plusieurs angles, afin qu'elles puissent s'unir et ne laisser aucun intervalle. Puis elle fait couler dans ces petits réservoirs le miel pur et sans mélange ; et de quelqu'abondance qu'elle voie ses magasins remplis, elle ne se repose que lorsque le tems du travail et de la récolte est passé. On ne connoit dans cette république ni la paresse, ni l'avarice, ni l'amour propre ; tout est commun, le nécessaire y est accordé à tous : le superflu n'est à personne, et c'est pour le bien public qu'il est conservé. Les colonies nouvelles, qui chargeroient l'état, sont mises dehors. Elles savent travailler, et on les y oblige en les congédiant,

Passons de l'abeille à la fourmi, qui lui

ressemble en bien des choses, excepté que l'abeille enrichit l'homme, et qu'il ne tient pas à la fourmi qu'elle ne l'appauvrisse en le volant.

Ce petit animal est averti que l'hiver est long, et que le bled mûr n'est pas longtems exposé dans les champs. Aussi durant la moisson la fourmi ne dort plus. Elle traine avec de petites serres qu'elle a à la tête, des grains qui pèsent trois fois plus qu'elle, et elle avance comme elle peut à reculons. Quelquefois elle trouve en chemin quelqu'amie qui lui prête secours, mais elle ne s'y attend pas.

Le grenier où tout doit être porté est public, et aucun ne pense à faire sa provision à part. Ce grenier est composé de plusieurs chambres, qui s'entrecommuniquent par des galeries, et qui sont toutes creusées si avant, que les pluies et les neiges de l'hiver ne pénètrent point jusques-là. Les souterrains des citadelles sont des inventions moins anciennes et moins parfaites; et ceux qui ont essayé de détruire les fourmillières qui avoient eu le loisir de se perfectionner, n'y ont presque jamais réussi, parce que les rameaux s'en étendent au large, et qu'ils ne se sentent point de tout le ravage que l'on fait à l'entrée.

Lorsque les greniers sont pleins et que l'hiver approche, on commence à mettre en sûreté le grain en le rongeant par les deux bouts, et l'empêchant par là de germer. Ainsi la première nourriture n'est qu'une précaution pour l'avenir;

et c'est la prudence, plutôt que le besoin, qui y détermine.

Peut-on aussi admirer assez l'industrie de certains animaux qui filent avec un art et une délicatesse inimitables, et où tout paroit être l'effet de la pensée et d'une méditation géométrique? Qui a enseigné à l'araignée, animal si méprisable d'ailleurs, à former des fils si déliés, si égaux, si adroitement suspendus? Qui lui a appris à commencer par les attacher à des points fixes; à les réunir tous dans un centre commun; à les tirer d'abord en droite ligne, et à les affermir ensuite par des cercles exactement paralléles? Qui lui a dit que ces filets seroient les piéges où se prendroient d'autres animaux qui ont des aîles, et qu'elle ne sauroit atteindre que par la ruse? Qui lui a marqué sa place dans le centre, où aboutissent toutes les lignes, et où elle est nécessairement avertie par le plus léger ébranlement, que quelque prise est tombée dans ses filets? Enfin qui lui a dit que son premier soin devoit être alors d'embarrasser les aîles de cette imprudente proie par de nouveaux fils, de peur qu'elle ne conservât quelque liberté ou pour se dégager, ou pour se défendre.

Tout le monde a vu le travail des vers à soie. Les plus habiles ouvriers ont-ils pu jusqu'ici l'imiter? Ont-ils trouvé le secret de former un fil si fin, si ferme, si égal, si brillant, si continu? Ont-ils une matière plus précieuse que ce fil pour faire les plus riches étoffes? Savent-ils comment ce vers convertit le suc d'une feuille en des filets d'or? Aucun d'eux peut-il expliquer comment ce vers est averti de se former une retraite sous les contours sans nombre de la soie dont il est le principe, et comment il trouve sous ce riche tombeau une espèce de résurrection, qui lui donne des aîles que sa première naissance lui avoit refusées?

Tout ce qui est vers, et qui a rampé, devient une espèce de mouche, de moucheron, de papillon: et tout ce qui vole a rampé dans sa première origine, et a été une espèce de vers, de chenille, d'insecte, avant que d'avoir eu des aîles. Et l'état mitoyen, entre ces deux extrémités d'élévation et de bassesse, est le tems où l'animal devient fève ou cocon, ce qui se fait en une infinité de façons, mais toujours d'une manière uniforme pour chaque espèce.

Je terminerai par quelques observations sur un petit animal qui mérite toute notre attention. Son nom est *formicaleo*. Sa figure est laide, et ne paroit qu'ébauchée. Son inclination est cruelle, car il ne vit que du sang de sa proie, et son unique occupation est de tendre des piéges. On en voit mieux l'artifice quand on peut avoir un tel animal dans son cabinet.

On le met dans un vase de terre plein de sable assez menu, où il se cache aussitôt, quand il y est, il forme dans le sable la figure d'un cône renversé avec une proportion exacte et géométrique ; et il va se loger dans le sommet du cône qui tient lieu de centre, mais en demeurant couvert. Si quelque fourmi ou quelque mouche à qui on a ôté les aîles, est placée à l'entrée du cône, ce petit animal qu'on ne jugeroit pas capable du moindre effort, jette avec sa tête, à coups redoublés, du sable sur la proie qu'il a sentie, afin de l'étourdir et de l'entrainer dans le fond où il se tient caché. Alors il sort de sa retraite, et après s'être désaltéré du sang, il jette le cadavre qui pourroit faire soupçonner sa cruauté.

Quand on veut avoir une seconde fois le plaisir de le voir travailler, on comble son cône en agitant le vase : et l'on est étonné avec quelle diligence cette petite bête rétablit une nouvelle figure, aussi vaste et aussi régulière que la première.

Quels raisonnemens ne faudroit-il pas qu'elle fît, si son travail étoit fondé sur le raisonnement ? Peut-on penser plus finement en mathématiques, et connoître mieux la nature du cône, du sable, celle des mouvemens, et leur retentissement du centre à toutes les parties de la circonférence ?

Je ne dois pas omettre que le *formicaleo*, dont je viens de parler, se transforme en une grande et belle mouche, appellée demoiselle, de laid et de petit qu'il étoit auparavant ; et il ne se souvient plus de son humeur sanguinaire, quand il a quitté sa première dépouille.

Sans doute, il n'est pas nécessaire que je fasse remarquer combien ces observations et une infinité d'autres pareilles sont capables d'orner et d'embellir l'esprit d'un jeune homme. C'est par elles qu'il prend du goût pour l'étude de la nature, et qu'il acquiert une foule de connoissances utiles et agréables : les maîtres ne négligeront donc pas ces sortes de leçons, mais il les proportionneront toujours à la force ou à la foiblesse de leurs élèves, et ne leur proposeront rien qui ne soit à leur portée, soit pour les faits, soit pour les réflexions qu'il faut y joindre.

FIN.

TABLE DES MATIÈRES.

Fin de la table des matières.

www.ingramcontent.com/pod-product-compliance
Ingram Content Group UK Ltd.
Pitfield, Milton Keynes, MK11 3LW, UK
UKHW021054230726
13926UKWH00004B/1842

9 782014 444421